Ludwig Hauner

D1672093

Skifahren für Genießer
und Familien mit Kindern

Band 1:

Die schönsten Skigebiete
in Oberbayern und im Ostallgäu

21 größere Skigebietsperlen
und 24 kleine Skigebiete / Einzellifte

Für Andrea und Thomas,

für lustige Skitage !

Steffelsee , 01.09.2020

€M Editorial Montana

Tegelberghaus
1707m u. M.
ehem. königl. Jagdhaus

Perlen für Genießer

Am Anfang war Skifahren der hart erkämpfte Genuss einiger weniger Naturburschen. Dann ein elitäres Vergnügen und jetzt... jetzt ist es zur Massenbespassung geworden. Hypermoderne Lift- und Beschneiungsanlagen, Pistenkilometer ohne Ende, riesige Restaurants, alles perfekt organisiert. In der oft unpersönlichen Serienabfertigung geht das Naturerlebnis unter. Unsere schönen Alpen sind praktisch zu einem gigantischen Freizeitpark mit Gewinnmaximierung verkommen.

Die gesamten Alpen? Nein! Es gibt sie noch, die kleinen, unabhängigen Skigebietsperlen, bei denen man bei jeder Liftfahrt persönlich begrüßt wird. Kein Stau bei der Anreise, kein Kampf um den letzten Parkplatz, keine Schlange am Lift. Und (trotzdem) perfekt präparierte Pisten, tolle Abfahrten in allen Schwierigkeitsgraden, gemütliche Hütten, erschwingliche Preise und eine natürliche Herzlichkeit, die einem das Gefühl gibt, wirklich willkommen zu sein.

Diese Perlen haben wir für Euch gesucht und gefunden!

Die in diesem Buch vorgestellten Gebiete reichen von der Nesselwanger Alpspitze im Westen bis hin zu Reit im Winkl im Osten. Natürlich gibt es auch im restlichen Alpenraum solche Glücks- fälle. Als gebürtiger Münchener habe ich lediglich mit meiner nächsten Heimat angefangen. Als nächstes wird Tirol folgen und dann sehen wir weiter...

Oberstes Kriterium war dabei für mich immer der Wohlfühlfaktor. Ich gebe es zu, ich bin bekennender Genussskifahrer. Ich fühle mich *nicht* am Wohlsten inmitten großer Menschen- mengen, sei es an der Liftstation, auf der Sonnenterrasse oder am Partypilz. Ich mag es gerne etwas ruhiger. Vor allem seit ich mit meinen beiden Kids unterwegs bin.

Das schließt größere Skigebiete freilich nicht von vorneherein aus. Auch hier kann man sich sehr wohl fühlen - sofern sie die Möglichkeit bieten, durch antizyklisches Fahren und gezielte Hütten- auswahl dem Ansturm der Massen zu entgehen.

In diesem Buch findet sich mein gesamter Erfahrungsschatz aus vielen Jahren. Und, um es klar zu sagen: Das Buch ist kein Skiatlas. Die Gebietsauswahl erhebt keinen Anspruch auf Vollständigkeit und die Beschreibung der Gebiete geht weit über eine bloße Auflistung der Fakten hinaus.

Das Buch ist vielmehr eine Art Wanderführer für Skifahrer. Echte Geheimtipps inklusive - speziell für Genussskifahrer und Familien mit Kindern.

Ich habe zahllose Skitage und viel Herz und Liebe in dieses Werk gesteckt. Und entsprechend viele Weißbiere auf den schönsten Hütten ...

Es würde mich freuen, möglichst viele Wintersportfans mit meinem Schneefieber anzustecken.

Wir sehen uns auf der Piste!

Ludwig Hauner

◄ *links und Umschlag: Tegelberghaus in Schwangau*

Die schönsten Skigebiete...

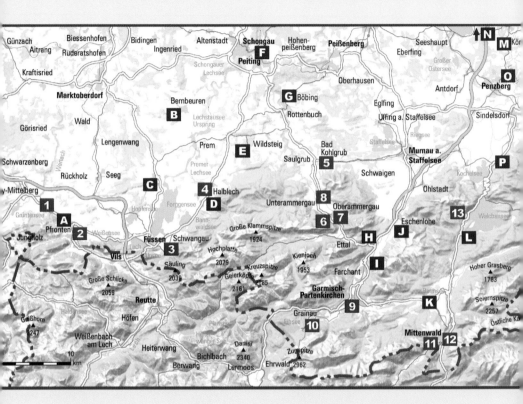

Skigebiete:

1	Nesselwang (Alpspitze)	**12**	Mittenwald (Dammkar)
2	Pfronten (Hochalpe und Skizentrum)	**13**	Walchensee (Herzogstand)
3	Schwangau (Tegelberg)	**14**	Lenggries (Brauneck)
4	Halblech (Buchenberg)	**15**	Rottach-Egern (Wallberg und Tegernsee)
5	Bad Kohlgrub (Hörnle)	**16**	Spitzingsee (Stümpfling und Taubenstein)
6	Oberammergau (Kolben)	**17**	Bayrischzell (Sudelfeld)
7	Oberammergau (Laber)	**18**	Bayrischzell (Wendelstein)
8	Unterammergau (Steckenberg)	**19**	Oberaudorf (Hocheck)
9	Garmisch (Alpspitze)	**20**	Aschau (Kampenwand)
10	Grainau (Zugspitze)	**21**	Reit im Winkl (Steinplatte)
11	Mittenwald (Kranzberg)		

...für Genießer und Familien

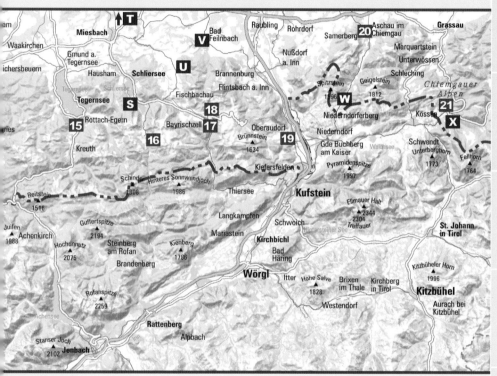

Einzellifte:

A	Pfronten (Sonnenlifte Röfleuten)		**M**	Beuerberg (Skilift Beuerberg)
B	Bernbeuren (Auerberglift)		**N**	Berg (Kreuzmöslberglift)
C	Roßhaupten (Skilift Alte Reite)		**O**	Penzberg (Sklift Berghalde)
D	Halblech (Schlepplift am Tauchberg)		**P**	Kochel (Ötzlifte)
E	Steingaden (Ilgenlifte und Gagraslift)		**Q**	Jachenau (Mühlenlift)
F	Hohenfurch (Lift des Skiclubs)		**R**	Gaißach (Reiserlifte)
G	Böbing (Bromberglift)		**S**	Neuhaus (Pfanni-Lift)
H	Oberau (Rabenkopflifte)		**T**	Mosach (Skilift am Tranzlberg)
I	Farchant (Skihang am Ried)		**U**	Elbach (Raffelmooslift)
J	Eschenlohe (Skilift Auf der Rieder)		**V**	Bad Feilnbach (Auer Skilift)
K	Krün (Barmseelift)		**W**	Sachrang (Skilifte Kaiserblick...)
L	Walchensee (Katzenkopflift)		**X**	Reit im Winkl (Benz-Eck-Lifte)

Skigebiete · Inhalt · Einleitung · Nesselwang · Pfronten · Schwangau · Halblech · Bad Kohlgrub

◄ *Tegelbergbahn mit Schloss Neuschwanstein (links) und Schloss Hohenschwangau (rechts)*

Einleitung

Perlen für Genießer

Nachfolgend noch ein paar kurze, erklärende Worte zum Gebrauch dieses Buches.

Euro-Angaben

Alle Zimmer-, Lift-, Eintritts- und sonstige Preise beruhen auf den Angaben der jeweiligen Hotels, Liftstationen und Anbieter und sind Stand Wintersaison 2019/2020. Ich habe hier äußerst sorgfältig recherchiert, kann aber natürlich nicht ausschließen, dass sich auch mal ein Fehler oder Zahlendreher eingeschlichen hat. Außerdem können die Angaben für spätere Jahre natürlich abweichen. Die Zahlen sollen in erster Linie ein Anhaltspunkt dafür sein, was einen in etwa erwartet.

Skilifte

Bei den Liftpreisen habe ich der Kürze und Übersichtlichkeit halber nur die Preise für eine Ganztageskarte für Erwachsene und Kinder angegeben. Sie sollen ein Gefühl für das Preisgefüge des jeweiligen Gebiets vermitteln. In den meisten Fällen gibt es zwischen Erwachsenen- und Kindertarif auch noch einen Tarif für Jugendliche. Außerdem variiert die Altersgrenze, bis zu der Kinder auch als Kinder im Sinne der Tarifstruktur gelten von Skigebiet zu Skigebiet. Und fast immer werden über die Ganztageskarten hinaus auch noch Halbtages- oder Stundenkarten, Mehrtageskarten und Punktekarten angeboten, die ich nicht extra erwähnt habe. Informationen hierzu finden Sie auf der angeführten Webseite des jeweiligen Liftbetreibers.

Einige der Skigebiete haben sich zusammengeschlossen und bieten zusätzlich **Verbundkarten** an, die in allen Gebieten gelten. Diese Karten sind meist etwas teurer als die Einzelkarten, haben aber natürlich den Vorteil, dass sie ein Gebiets-Hopping ermöglichen.

Nachfolgend einige der Zusammenschlüsse. Tarifinformationen finden Sie auf der Webseite des jeweiligen Verbundes.

Skigebiets-Verbundkarten	
Superschnee ⊕ www.superschnee.com	**1.** Nesselwang (Alpspitze), **2.** Pfronten (Breitenberg), **3.** Schwangau (Tegelberg), **4.** Halblech (Buchenberg) sowie zahlreiche weitere Gebiete im Allgäu, Kleinwalsertal und Tannheimer Tal. Erweiterbar um Pitztaler und Kaunertaler Gletscher zur **Allgäuer Gletscher Card**.
Top Snow Card ⊕ www.zugspitze.de/de/winter/preise/top-snow-card	**9.** Garmisch (Alpspitze), **10.** Grainau (Zugspitze), **11.** + **12.** Mittenwald (Kranzberg und Dammkar) sowie Ehrwald (Zugspitze und Wettersteinhang), Leermoos (Grubigstein), Biberwier (Marienberg), Berwang und Heiterwang.

Alpen Plus ⊕ www.alpenplus.com	**14.** Lenggries (Brauneck), **15.** Rottach-Egern (Wallberg), **16.** Spitzingsee (Stümpfling und Taubenstein), **17.** Bayrischzell (Sudelfeld)
5 Berge & Co ⊕ www.5-berge.com	**18.** Bayrischzell (Wendelstein), **19.** Oberaudorf (Hocheck), **20.** Aschau (Kampenwand) sowie Kössen (Unterberghorn) und Bergen (Hochfelln).

Unterkünfte

Ich habe pro Gebiet immer zumindest eine Hotelempfehlung angegeben, um Ihnen langes Suchen zu ersparen. Die Auswahl habe ich zugegebenermaßen nach sehr subjektiven Kriterien getroffen. Höchste Priorität hatte dabei für mich wieder der Wohlfühlfaktor. Ich brauche keinen übermäßigen Luxus, aber was für das Skifahren gilt, gilt auch im Übrigen: Ich bin ein Genießer.

Gastlichkeit und Freundlichkeit haben dabei für mich oberste Priorität. Daneben spielt aber auch die Hotelausstattung eine nicht unwichtige Rolle. Die Zimmer sollten Gemütlichkeit und Wärme ausstrahlen und nicht zu klein sein. Nach dem Skifahren wärme ich mich gerne in einer Sauna auf und entspanne dann in einem schönen Wellnessbereich.

Außerdem ist für mich ein reichhaltiges Frühstücksbuffet der Garant für einen guten Start in den Skitag. Ebenso wichtig ist, dass das Abendessen nicht nur einen hungrigen Skifahrermagen angemessen zu füllen vermag. Es muss vor allem auch einfach lecker schmecken und sollte aus guten und gesunden Zutaten mit Liebe zubereitet sein.

Und nicht zuletzt sollte natürlich auch noch das Preis-Leistungsverhältnis des Hotels stimmen.

Die **Zimmerpreise** bei den Unterkünften verstehen sich immer <u>pro Person und Nacht</u>. Ich habe jeweils den Preis für das günstigste realistische Quartier angegeben. „Realistisch" bezieht sich dabei auf die Zeit: Die meisten Hotels unterscheiden zwischen Winter- und Sommer- sowie Hoch- und Nebensaison. Der angegebene Preis ist der für den Winter in der Nebensaison. Allerdings nicht zu den Randzeiten wie beispielsweise November oder April. Kurzbelegungszuschläge, die viele Hotels für nur ein oder zwei Übernachtungen verlangen, sind nicht eingerechnet. Auch die Kurtaxe nicht, die fast in allen Gemeinden noch zusätzlich anfällt und meist zwischen ein oder zwei Euro pro Tag beträgt. Sollte es mehrere Zimmerkategorien geben, so ist die günstigste angegeben, in der ich mich wohlfühlen würde. Für detailliertere Informationen wenden Sie sich bitte an das Hotel direkt beziehungsweise sehen auf der angegeben Hotelwebseite nach.

Bei Übernachtung mit **Frühstück** bedeutet „Frühstück" grundsätzlich „Frühstücksbuffet". Sollte tatsächlich einmal nur ein kontinentales Frühstück serviert werden, so ist dies extra erwähnt.

Sollte der günstigste Zimmerpreis in meinem favorisierten Hotel über 38 Euro pro Person und Nacht liegen, habe ich zusätzlich noch nach einer **günstigeren Variante für Familien mit Kindern** gesucht. Hier kann es dann kleine Abstriche bei der Ausstattung geben. Gastlichkeit und (Kinder-)Freundlichkeit sind aber ein unabdingbares Muss auch für diese Hotels oder Pensionen.

Einige Orte haben sich zudem zusammengeschlossen und bieten eine **erweitere Gästekarte** an, die mehr beinhaltet als die üblichen Ortsbusse. Dort sind oftmals eine Mehrstundenskikarte, der Eintritt in Hallenbäder, Eisstadions oder sogar Skischnupperkurse mit dabei. Leider sind die meisten dieser Zusammenschlüsse für die Hotels nicht kostenfrei, so dass nicht alle Hotels sie anbieten. Wenn ich ein schönes Hotel in dem jeweiligen Ort gefunden habe mit vernünftigen Preisen, das die erweiterte Gästekarte anbietet, dann habe ich es immer ausgewählt. Oberstes Kriterium war die Gästekarte dabei aber nicht.

An gebietsübergreifenden Karten sind besonders zu erwähnen:

Erweiterte Gästekarten	
KönigsCard ⊕ www.koenigscard.com	**1.** Nesselwang, **2.** Pfronten, **3.** Schwangau, **4.** Halblech, **5.** Bad Kohlgrub, **6.** Oberammergau, **7.** Unterammergau, **8.** Garmisch-Partenkirchen
Allgäu-Walser-Card ⊕ www.oberallgaeu.de/allgaeu-walser-card	**1.** Nesselwang, **2.** Pfronten, **3.** Schwangau, **4.** Halblech

Restaurants

Für die aufgeführten Restaurants gilt dasselbe wir für die Hotels: Mir persönlich schmeckt es dort und ich fühle mich wohl. Zudem bieten sie alle ein sehr gutes Preis-Leistungs-Verhältnis und sind so immer auch für junge Familien gut geeignet, die vielleicht nur Übernachtung mit Frühstück gebucht haben. Oder für Tagesgäste zur kleinen Stärkung vor der Heimfahrt.

In den meisten Skiorten gibt es noch viele weitere Restaurants ich bin mir ganz sicher, dass da auch noch andere sehr gute und empfehlenswerte mit dabei sind. Also sehen Sie meine Empfehlung bitte nur als Startpunkt an und probieren Sie auch die anderen Restaurants.

Skiverleihe und Skischulen

Auch hier gilt: Die angegebenen Betriebe sind in der Regel nicht die einzigen, die es im jeweiligen Skigebiet gibt und es sind bestimmt nicht die einzigen empfehlenswerten. Es sind einfach die, mit denen ich bereits gute Erfahrungen gemacht habe oder die mir aus erster Hand von Freunden und Bekannten empfohlen worden sind.

Ich habe sie als Service gelistet, um Ihren Start ins Skivergnügen zu beschleunigen.

Langlauf

Die Skating-Technik hat sich mittlerweile überall so weit etabliert, dass in allen Gebieten die Loipen sowohl für klassisch als auch für Skating präpariert sind. Ich habe das deshalb nur dann noch extra erwähnt, wenn es ausnahmsweise einmal nicht der Fall sein sollte.

Skitouren

Skitourengehen wird immer beliebter. Immer mehr Skitourengänger nutzen die Skipisten für den Aufstieg. Und das nicht nur, wenn wegen schlechtem Wetter oder zu hoher Lawinengefahr Touren im freien Gelände nicht möglich sind. Um einer potentiellen Kollision von Skitourengängern und Skifahrern entgegenzuwirken, haben viele Skigebiete bereits spezielle Skitourenrouten ausgewiesen. Die habe ich natürlich immer erwähnt.

Zusätzlich habe ich aber auch einen Hinweis angebracht, wenn sich eine spezielle Pistenroute in einem Gebiet besonderer Beliebtheit erfreut, beispielsweise klassische „After-Work-Touren".

Hier meine ausdrückliche Bitte an die Skitourengeher: Bitte haltet Euch ganz am Rand der Piste und achtet auf die Skifahrer – die rechnen nämlich (noch) nicht überall damit, dass ihnen plötzlich jemand entgegenkommt.

Und noch etwas: In den Zeiten, in denen die Pisten präpariert werden, ist das Gehen höchst gefährlich. Insbesondere bei steilen Hängen, bei denen die Präparierung mit Seilwindenmaschinen erfolgt. Hier bitte unbedingt den Anweisungen und gegebenenfalls Verboten der Bahnbetreiber nachkommen!

Weitere Freizeitaktivitäten

Die von mir aufgeführten weiteren Freizeitmöglichkeiten sind natürlich nicht abschließend und sollen lediglich Anregungen sein, was man neben dem Skifahren in dem jeweiligen Gebiet noch alles machen kann.

Verwendete Symbole und Abkürzungen

⌂   Adresse

☎   Telefonnummer

✉   Emailadresse

⊕   Webauftritt (URL)

Erw.   Erwachsene

J.   Jahre, beispielsweise „für Kinder ab 16 J."

ÜmF   Übernachtung mit Frühstück (Buffet, wenn nicht anders angegeben, s.o.)

HP   Halbpension, also Frühstück und Abendessen (in der Regel 3-Gang-Menü)

DZ   Doppelzimmer

3er / 4er Dreibettzimmer / Vierbettzimmer

Nesselwang

Die Alpspitze – Aussichtsterrasse des Allgäu

Egal ob man es als Gottes Fügung betrachtet oder schlicht als Zufall, dass die längste durchgehende nationale Autobahn Europas, die A7, nach knapp 1.000 km genau hier vorbeiführt - enorm praktisch ist es in jedem Fall. Wer nun aber befürchtet, dass es aufgrund dieser Top-Lage am Eingang der Allgäuer Alpen zu langen Wartezeiten und überfüllten Pisten kommt, den kann ich beruhigen: Mit vorausschauender Planung und hoher Ingenieurskunst haben die Allgäuer das tunlichst zu vermeiden gewusst und den charmanten Flair eines Familienskigebiets erhalten.

Die Alpspitzbahn gehört zum Modernsten, was die heutige Technik leisten kann: Eine Kombination aus 4er Sessel und Kabinenbahn. Jeweils drei Sessel wechseln sich mit einer Kabine ab und werden an dasselbe Seil gekuppelt. Die Zustiege sind jedoch getrennt. So ist die Bahn für alle Arten von Wintersportlern gleichzeitig nutzbar, ohne dass sie sich gegenseitig behindern.

Auch bei der Pistenplanung wurde in Nesselwang weitsichtig gedacht, und der enormen Kapazität der neuen Alpspitzbahn Rechnung getragen: Um eine Übernutzung der Hänge zu vermeiden, gibt es gleich vier breite Talabfahrten, die bei Bedarf beschneit werden können.

Allesamt blau mit einigen hellroten Abschnitten, perfekt für Einsteiger und Familien mit kleinen Kindern. Und die Größeren toben sind auf den anspruchsvolleren Hängen weiter oben im Gebiet aus.

Der Startpunkt

Der Tagesausflügler steuert normalerweise den großen Parkplatz an der Alpspitzbahn-Talstation an. Sollte der jedoch an einem lebhafteren Wochenende einmal voll belegt sein, kann man auf den noch größeren Parkplatz am Schlepplift Kronenlift (D) ausweichen, der nur ein kleines Stückchen dahinter liegt.

Die Pisten

Es ist der erste Tag unserer Weihnachtsferien, ein strahlend schöner Morgen und wir sind früh dran. Die Lifte sind noch komplett leer. Wir stürmen in die kleine Gondel der **Alpspitzkombibahn** (A), fahren allerdings nur bis zur Mittelstation. Die obere Sektion ist etwas anspruchsvoller und wir wollen uns erst einmal warmfahren.

Von der Mittelstation ins Tal haben wir die Wahl zwischen zunächst drei Abfahrten: Die Stellenbichel-Abfahrt 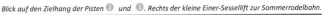 geht links vom Lift hinab. Auf halber Höhe führt ein Abzweig zurück auf die anderen Liftseite, auf der die beiden anderen Talabfahrten von oben kommen: die Hauptabfahrt ❷ und Kronenabfahrt ❹. Zudem beginnt hier eine weitere Piste, die Buckelwiesabfahrt ❸. Alle Abfahrten sind immer wieder miteinander verwoben, so dass man zwischen ihnen hin- und herwechseln kann. Man muss dabei nur einige kleinere Waldstücke umschiffen. Bei Andrang kann man alle vier Abfahrten auch mit dem **Stellenbichlschlepplift** (C) erreichen, der parallel zur Gondel

Gebietsinfo

Land:	Deutschland
Anfahrt:	A7/A96
Höhenlage:	910 - 1.460 m
Charakter:	Gut erreichbares Familienskigebiet mit hoher Beförderungskapazität
Lifte:	6 Lifte, 9 km
Beste Zeit:	Dezember - März
Pisten:	■■■■■■■□□□
Liftanlagen:	■■■■■■■■■□
Hütten:	■■■■■■■□□□
Wohlfühlfaktor:	■■■■■■■■■□

läuft. Oder man quert gleich bis ganz hinaus zum **Kronenlift** (D). Er ist auch eine gute Alternative an vollen Wochenendtagen.

Für kleine Kinder ist das **Kinderland** (F) oberhalb von Sepps Stadlalm mit seinem Zauberteppich und den Seilliften der perfekte Startpunkt. Die nächsten Schwünge unternehmen sie dann auf den beiden blauen Pisten ❺ des

Blick auf den Zielhang der Pisten ❷ und ❸. Rechts der kleine Einer-Sessellift zur Sommerrodelbahn.

danebenliegenden **Familienlifts** (E).

Am Beginn der Kronenabfahrt befindet sich ganz oben nahe der Mittelstation der **Große Alpspitzpark Nesselwang**. Hier wurde mit viel Geschick und Hingabe eine Spielwiese nach völlig neuartigem Konzept für alle großen und kleinen Freestyler geschaffen. Unterschiedliche Lines, zahlreiche Kicker, Boxen und Rails in den verschiedensten Formen und Größen stehen bereit. Für die jüngeren Kids gibt es den extra angelegten Kidspark mit etwas kleineren Formen.

Die Hauptabfahrt und der untere Teil der Stellenbichlabfahrt werden übrigens abends den ganzen Tag in der Sonne, ist im Moment aber noch leer. Die rote ❻, die von hier hinunter zur Mittelstation führt, bietet im oberen Drittel zwei Varianten. Wir bleiben am Ausstieg rechts und blicken hinauf zum Gipfel der 1575 m hohen Alpspitze. Hier zeichnen bereits die ersten Tourengeher ihre gleichmäßigen Schwünge in den Pulverschnee. Neidvoll sehe ich ihnen zu, bis mein Sohn die Sache trocken auf den Punkt bringt: „Für eine einzige Abfahrt stundenlang hochsteigen - ne!!". Da genießen wir doch lieber die perfekt präparierten Carvingpisten!

Nachdem beide Alternativen der Piste wieder

Das Kinderland mit den drei Seilliften, einem Zauberteppich und dem Feuerwehrzug (F).

von 18 bis 21 Uhr komplett ausgeleuchtet, ebenso wie der Alpspitzpark. Ein netter Gimmick, den besonders meine Kids zu schätzen wissen. Den Alpspitzpark heben wir uns für nachmittags auf. Nach zwei schönen schnellen Carving-Abfahrten auf der ❶ und der ❷ fühlen wir uns warmgefahren und fit für die **obere Sektion der Alpspitzbahn** (B). Bis einschließlich der Saison 2009/2010 ging es hier nur mit einem alten Einersessel weiter. Jetzt führt dieselbe Kombibahn wie unten bis hinauf zum Sportheim Böck. Die schöne große Terrasse liegt zusammen gekommen sind, geht es in einer großen Kurve durch nun dichteren Winterwald. Nach einer Traverse kommen wir aus dem Wald heraus. Von rechts kommt dort der Grüne Strich, dazu später. Auf breiter Piste schwingen wir hinunter zur Mittelstation und gondeln gleich noch einmal hoch.

Diesmal steigen wir nach links aus und verweilen kurz, um den Ausblick zu genießen. Während von hier der Blick nach Norden durch Bäume und nach Westen durch die Alpspitze versperrt ist, hat man nach Süden

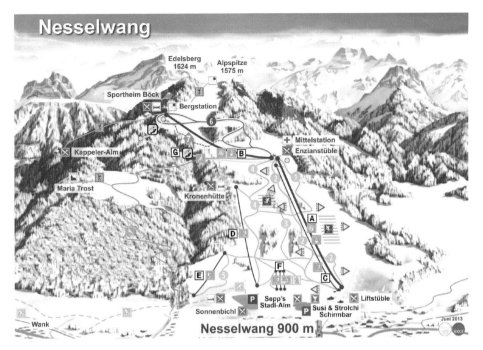

Nesselwang 900 m

und Osten freie Sicht. Vor uns ist das Ski-gebiet Breitenberg (**2.**) gut zu erkennen. Weiter nach Osten blicken wir über Füssen hinweg zum Tegelberg, und das dahinter liegende Bergpanorama. Mit etwas Fantasie oder einem guten Fernglas können wir sogar das Schloss Neuschwanstein erkennen.

Die Piste ist hier eher blau als rot. Bis wir zum Abzweig in den Grünen Strich ❖ kommen, dem Aha-Erlebnis an der Alpspitze. Jetzt wird es tiefschwarz. Auf unpräparierten Buckeln geht es teilweise haarsträubend steil neben dem Lift bergab, über Holperwiese und Baumstumpf. Ein echte Herausforderung, mit der wir uns unser Mittagessen absolut ver-dient haben!

Die Einkehrmöglichkeiten

Das **Sportheim Böck** oben an der Bergstation der oberen Sektion der Alpspitzbahn (B) bietet den schönsten Ausblick, wahlweise von der Sonnenterrasse oder durch das riesige Panoramafenster.

Tipp: Am späten Nachmittag hier noch einmal ein kühles Weißbier oder einen schönen Cappuccino genießen und dann auf leerer Piste ins Tal schwingen!

An der Mittelstation wartet das gemütliche **Enzianstüble** mit seinem Kachelofen auf uns. Die Preise hier sind sehr human. Zwei Kinder lassen sich problemlos mit einem großen Teller Spaghetti für kleines Geld sättigen.

An der Talstation des Kronenlifts (D) beim Kinderparadies stehen Bänke und ein Zelt. An der Bergstation liegt die gepflegte **Kronenhütte**. Besonders lecker sind hier die Käsespatzen aus der Pfanne.

Das **Liftstüble Harald Bessler** mit großer Sonnen-terrasse und Kinderspielplatz befindet sich direkt an der Talstation der Alpspitzbahn (A).

Etwas weiter links liegt **Sepps Stadlalm** mit Pavillon und zünftigen Allgäuer Spezialitäten zu erschwinglichen Preisen.

Direkt oberhalb der Parkplatzzonen am Pisten-auslauf liegt die **Susi & Strolch Schirmbar**. Dank ihrer Nähe zum Kinderland ist sie sehr beliebt bei Familien mit Kindern.

Skigebiete · Inhalt · Einleitung · Nesselwang · Pfronten · Schwangau · Halblech · Bad Kohlgrub

Alles auf einen Blick

Skigebiet und Winteraktivitäten

 + 2 4   Pisten: ● = 6 km, ● = 2,5 km, ◆ = 0,5 km

Tageskarte Erw. 33 Euro, Kinder 22 Euro; Familie aus 2 Erw. + 1 Kind 75 Euro, jedes weitere Kind 9 Euro. Nachtskifahren täglich von 18 - 21 Uhr, Erw. 20,50 Euro, Kinder 14 Euro. Der Alpspitzpark Nesselwang ist kostenfrei nutzbar. ☎ +49.8361.1270 ⊕ www.alpspitzbahn.de

Skilanglauf: Nesselwang bietet ein durchgängiges Loipennetz von rund 16 km Classic und Skating. Eine Übersichtskarte gibt es unter ⊕ www.nesselwang.de/langlaufen-im-allgaeu.html.

Biathlon: Im Trendsportzentrum kann man jeden Donnerstag von 16:30 - 18:30 Uhr an einem Schnupper-Biathlon-Kurs teilnehmen. Gewehre werden gestellt, Langlaufausrüstung ist mitzubringen. ⌂ Hauptstraße 20, 87484 Nesselwang ☎ +49.8361.923040

Winterwanderungen: Das Netz an geräumten Winterwanderwegen umfasst rund 50 km vom Wertachtal bis hin zum Naturschutzgebiet um Kögelweiher und Attlesee. Die Skischule Nesselwang (s. rechts) bietet zudem geführte Schneeschuhwanderungen an.

Unterkunft

Das **Landhaus Ohnesorg**★★★ hat liebevoll im Landhausstil eingerichtete Ferienwohnungen und Zimmer, die alle über einen eigenen Balkon sowie eine Küchenzeile verfügen. Außerdem gibt es eine Sauna (5 Euro pro Pers), einen Fitnessraum, einen Ski- und Trockenraum und ein Kinderspielezimmer. Kinderbetten stehen zur Verfügung. WLAN kostenlos. Ü in FeWo ab 29,50 Euro, Zustellbett 10 Euro. Frühstück Erw./Kind 12,00 bzw 9,00 Euro. ⌂ Jupiterstraße 7, 87484 Nesselwang ☎ +49.8361.9201.0 ⊕ www.landhaus-ohnesorg.de

Im Landhaus Ohnesorg erhalten Sie kostenfrei die KönigsCard, die zusätzliche Leistungen beinhaltet wie beispielsweise den Eintritt ins Alpspitz-Badecenter, Schnupperskikurse, geführte Schneeschuhwanderungen inkl. Schneeschuhleihe oder einen Schnupper-Biathlon-Kurs.

Restaurants

Super leckere Pizza und Pasta gibt es in der **Pizzeria Il Castello**. ⌂ Bahnhofstraße 5, 87484 Nesselwang ☎ +49.8361.8040 ⊕ www.ilcastello-nesselwang.com

Talort

Der Luftkurort Nesselwang ist ein gewachsener Ort, dem schon vor über 585 Jahren das Marktrecht verliehen wurde. Er zählt 3.500 Einwohner, die in vielen Vereinen organisiert sind und das Allgäuer Brauchtum hochhalten. Von kleinen Geschäften bis zu großen Supermärkten ist alles vorhanden. Es gibt eine eigene Autobahnausfahrt und eine Bahnstation.

Alles auf einen Blick

Tourist-Info

Tourist-Information Nesselwang: ⌂ Hauptstraße 20, 87484 Nesselwang ☎ +49.8361.923040 ⊕ www.nesselwang.de ✉ info@nesselwang.de

Skiverleih

Bei **Bergsport Martin** kann man Ski- und Sportausrüstung leihen und auch käuflich erwerben. ⌂ An der Riese 28, 87484 Nesselwang ☎ +49. 8361.1473 ⊕ www.bergsport-martin.de

Skischule

Direkt am Parkplatz liegt die **Skischule Nesselwang**. Neben Kursen für alle Leistungsklassen kann man hier auch gleich im angegliederten Ski- und Snowboardverleih Allgaier die benötigte Ausrüstung mitbuchen. ☎ +49.8361.752 ⊕ www.skischule-nesselwang.de

Familien mit Kindern

Die Skischule Nesselwang bietet spezielle **Zwergerlkurse** für Kinder von 4 bis 6 J. im Kinderland. Alle Kinderkurse sind inklusive Mittagsbetreuung.

Von der Mittelstation der Alpspitzbahn aus erreicht man in 10 Gehminuten den Start einer fast 4 km langen **Naturrodelbahn**. Schlitten kann man an der Talstation ausleihen.

Vor und nach dem Nachtskifahren kann man als **Copilot in der Pistenraupe** mitfahren. Anmeldung und Infos dazu direkt bei der Alpspitzbahn, siehe links.

Die zahlreichen kleinen Seen rund um Nesselwang sind ein Paradies zum **Schlittschuhlaufen** und Eisstockschießen - vorausgesetzt es ist kalt genug. Ansonsten kann man aber immer noch auf die Eishallen in Pfronten (7 km) und Füssen (15 km) ausweichen.

An trüben Tagen bietet sich zudem das **Alpspitz-Bade-Center Nesselwang** an mit seinen Erlebnis- und Außenbecken und der Seesauna mit Panoramaverglasung. ⊕ www.abc-nesselwang.de

Das 300 qm große **Spielehaus** im Feriendorf Reichenbach ist täglich kostenlos für Kinder und Jugendliche von 6 - 16 J. geöffnet und hält ein breit gefächertes Angebot an Indooraktivitäten bereit. ⊕ www.feriendorf-reichenbach.de/freizeit-details/spielhaus.html

Mit dem **AlpspitzKICK** können Wagemutige Sommer wie Winter in zwei Sektionen an einem Drahtseil insgesamt 1,2 km talwärts sausen. Dabei werden Geschwindigkeiten von bis zu 130 km/h erreicht. Selbstregulierende Magnetbremsen bieten ein Höchstmaß an Sicherheit. Start ist an der Bergstation der Alpspitzbahn. Ride & Fly (inkl. Bergfahrt mit der Alpspitzbahn) Erw. 42 Euro, Kinder 35 Euro. Vorreservierung erforderlich. ⊕ www.alpspitzkick.de

Vor Ort kümmert sich der **Allgemeinmediziner** Dr. Günter Böcking um die Kleinen. Als Chiropraktiker und Notfallmediziner kann er zudem besonders kompetent bei Sportunfällen helfen. ⌂ Lärchenstr. 3, 87484 Nesselwang ☎ +49.8361.3360.

Hochalpe und Skizentrum –
Hochalpines Flair am Alpenrand

Traumhafter Naturschnee und ein sagenhafter Ausblick verleihen der Hochalpe am Breitenberg alpines Flair inmitten des Allgäuer Voralpenlandes. Man fühlt sich sogar ein wenig an die Dolomiten erinnert. Anfänger und Rennzwerge üben derweil im Skizentrum Pfronten-Steinach.

Praktisch direkt neben dem Grenzübergang nach Österreich liegt Pfronten-Steinach mit seinen zwei kleinen Skigebieten.

Neben der Hochalpe, die in die Hochebene zu Füßen des Aggensteins eingebettet daliegt, gibt es unten im Tal noch das Skizentrum. Es hält einige weitere nette Schlepplifte bereit, die nicht nur für Anfänger interessant sind.

Beide Skigebiete sind zwar über Ziehwege verbunden. Sie an einem Tag abzufahren, macht aber in meinen Augen nicht wirklich Sinn. Jedes der beiden Gebiete bietet genügend Möglichkeiten, um sich dort einen ganzen Tag ohne Langeweile zu vergnügen. Außerdem gibt es keinen gemeinsamen Skipass.

Wir sind diesmal für ein verlängertes Wochenende nach Pfronten gekommen und verbringen alle gemeinsam unseren ersten Tag im Skizentrum.

Am Tag darauf fahre ich dann mit den größeren Buben und Mädels in der Vierergondel nach oben auf die Hochalpe.

Der Startpunkt

Je nachdem welchen Teil des Skigebiets man ansteuert, bieten sich die beiden Parkplätze am Skistadl oder an der Talstation der Breitenbergbahn an. Übernachtungsgäste nehmen einfach den kostenfreien Bustransfer, der in der Pfronten-Card enthalten ist.

Die Pisten

Skizentrum Pfronten-Steinach

Wir starten am Skistadl. Unsere Jüngsten üben hier zunächst mit dem Mini- und dem

Wendellift (H+I) ein paar Runden auf den sanften blauen Pisten ⑫ und ⑬. Die Älteren wechseln gleich zum **Ideallift** (K) hinüber. Hier kann man sehr gut rechts und links vom Lift auf breiter roter Piste ⑭ carven.

Nach ein paar Runden in maximaler Schräglage queren wir zurück zum Skistadl und begeben uns mit dem knapp 600 m langen **Familienlift** (G) in höhere Gefilde. Wieder kann man rechts und links herunterfahren. Beide Pisten ⑪ werden beschneit, so dass sie auch im Frühjahr noch besten Schnee haben. Sie sind ebenfalls noch recht breit, aber schon deutlich anspruchsvoller als die Ideallift-Abfahrten.

Zum Mittagessen fahren wir mit dem **Standardlift** (F) hinauf zum Tiroler Stadl. Gestärkt nehmen wir danach die dunkelrote Heuriesel-Abfahrt ⑨ in Angriff. Sie ist immerhin 1.200 m lang und überwindet dabei 400 hm. Zum Kurzschwung üben ist sie perfekt. Um sie komplett hinab zu carven muss man schon einen sehr sauberen Ski fahren.

Etwas einfacher ist die Standard-FIS-Abfahrt ⑩, obzwar auch sie schon einen ziemlich dunklen Rotton aufweist.

Gebietsinfo

Land:	Deutschland
Anfahrt:	A7/A96, B16
Höhenlage:	840 - 1.680 m
Charakter:	Anspruchsvolles Familien-skigebiet mit größtenteils roten Pisten
Lifte:	12 Lifte, 22 km
Beste Zeit:	Januar - März
Pisten:	■ ■ ■ ■ ■ ■ ■ ■ ▦
Liftanlagen:	■ ■ ■ ■ ■ ■ ■ ▦ ▦
Hütten:	■ ■ ■ ■ ■ ■ ▦ ▦ ▦
Wohlfühlfaktor:	■ ■ ■ ■ ■ ■ ■ ■ ▦

Beide Abfahrten haben jeweils anspruchsvolle Passagen im Mittelteil. Zusammen bietet das Skizentrum Pfronten-Steinach 6 der insgesamt 22 Pisten-km am Breitenberg. Diese sind ausgesprochen abwechslungsreich vom Kinderland bis zu (fast) schwarzen Abschnitten. Die Wartezeiten sind meist harmlos - ein toller Tipp für die ganze Familie!

Blick zur Bergstation des Hochalp-Sessellifts

Hochalpe

Lang gezogen erhebt sich der Rücken des Breitenbergs über uns, als wir am nächsten Morgen in die Vierergondel der **Breitenbergbahn** (A) steigen. Unter uns können wir die Talabfahrt sehen: der Hochalp-Forstweg, der sich hier über 6,5 km hinunterschlängelt. Auf 1.498 m befindet sich die Bergstation der Gondel. Hier steht das Berghaus Allgäu, das auch Übernachtungsmöglichkeiten bietet. Wir treten aus dem Gebäude und vor uns öffnen sich die Pforten zu einer wunderschönen Bergwelt. Dank der Höhenlage des Plateaus, 1.205 bis 1.677 m, herrschen bis ins Frühjahr hinein beste Bedingungen für Skifahrer auf 100% Naturschnee.

Den südlichen Rahmen bildet der felsige Aggenstein, über den auch die Grenzlinie zu Österreich verläuft. Obwohl nur knappe 2.000 m hoch, ist der Anblick dennoch überwältigend. Ein Hauch Dolomiten-Feeling liegt in der Luft. Nach Norden reicht der Blick bei klarer Sicht über 100 km weit bis in das verschneite Voralpenland.

Unser Erkundungstrip beginnt mit der modernen 4er-Sesselbahn **Hochalpe** (B), die uns zum höchsten Punkt bringt: dem Berggrat zwischen Breitenberg und Aggenstein auf 1.677 m. Nach halber Fahrt bergauf überqueren wir eine Kuppe und entdecken in der Mulde unter uns zwei kurze Seillifte, die **Kesselmoos Minilifte** (E). Zwischen ihnen befindet sich ein kleiner Funpark.

Oben am Berggrat, wo auch der endlos lange **Aggenstein-Schlepplift** (D) endet, ist der zentrale Punkt des Hochplateaus. Von hier aus lassen sich alle Pistenvarianten erreichen. Dies ist gerade an einem lebhaften Wochenende praktisch, denn so kann man leicht „flexibles Lifthopping" betreiben und Wartezeiten vermeiden.

Die Nummerierung der Pisten ist etwas gewöhnungsbedürftig, folgt aber demselben Schema wie auch im Skizentrum: Die Nummern werden entsprechend dem Zielpunkt vergeben. Alle Pisten, die am selben Punkt enden haben auch dieselbe Nummer. Zielpunkte sind die Talstationen der Lifte. Wenn sich Pisten zwischendurch kreuzen, weil die Talstationen nicht weit voneinander entfernt liegen, kann das aber schon einmal zu verwirrenden Ergebnissen führen. Um dorthin zu kommen, wo man hin

Blick hinunter auf die Hochalpe

möchte, muss man sich einfach merken: Alle Pisten mit der Nummer ❹ enden an der Talstation der Hochalpbahn (B), also am Berghaus Allgäu. Die Nummern ❷ und ❸ gehören zum Mittagslift (C) und die Nummer ❶ endet am Aggensteinlift (D).
Wir starten auf der Piste ❹, wobei wir zunächst die linke Variante nehmen. Sie umgeht die schmale, etwas anspruchs-vollere Rinne auf einem Ziehweg. Wenn man in der Rinne fährt, sollte man in Sichtweite der Bergstation des **Mittagsliftes** (C) kräftig Schwung holen, um die Kuppe ohne Schieben zu erreichen. Wir folgen weiter unserer Piste ❹, wobei wir erneut den linken Arm nehmen, der in einem großen Bogen an der Hochalphütte vorbei zur Talstation der Hochalpbahn führt. Rechts von uns läuft der schräge Hang der Piste ❷ (nicht irritieren lassen: sie trägt die Nummer 2, weil sie letztlich beim Mittagslift endet). Und noch etwas weiter rechts der zweite Arm der Piste ❹ – die sportlichste dieser drei Varianten.

Beim Berghaus Allgäu treffen sich dann alle drei Pistenstränge wieder. Die beiden ❹er-Pisten sind in ihrem Ziel, der Talstation der Hochalp-bahn, angekommen und enden. Die Piste ❷ führt weiter hinunter zum Mittagslift.

Je nachdem wie lange die Schlange an der Hochalpbahn ist, fahren wir sie gleich noch einmal oder schwingen weiter zum Mittagslift. Auch hier halten wir es so: Ist er schön leer, nehmen wir ihn, sonst geht es weiter zum Aggensteinlift. Und sollte der tatsächlich auch einmal voll sein, dann fahren wir eben ins Tal. Wenn alle Skifahrer oben angekommen sind, ist die Gondelbahn garantiert leer.

Wobei „voll" in diesem Skigebiet sowieso sehr relativ ist: Mehr als maximal zehn Minuten Wartezeit an einem Lift habe ich hier selbst am schönsten Februar-Sonnenschein-Sonntag nie erlebt.

Nach einer zweiten Fahrt auf der etwas an-

spruchsvolleren Variante der Piste ❹ (oben in der Rinne, unten direkt am Lift entlang) wechseln wir zum **Mittagslift** (C). Die ❷ rechts vom Lift ist perfektes Carving-Gelände. Die etwas weiter rechts verlaufende Bürschlingsabfahrt ❸ liegt

Wendellift im Skizentrum Pfronten

ein wenig versteckt und zeigt sich deshalb auch am Nachmittag noch relativ unberührt. Da sie zu Beginn an einem Rücken entlang-führt, kann es hier manchmal ganz schön windig werden. Im Übrigen ist sie aber wunder-bar zu fahren.

Wieder unten bringt uns der Ziehweg ❶ zu dem langen und anstrengenden **Aggensteinlift** (D). Die steifen Beine nach den 1,3 km Auffahrt lohnen sich aber: Die lange ganz rechts außen gelegene Aggensteinabfahrt ❶ führt spektakulär direkt unter den Wänden des Aggenstein entlang.

Diese Piste ist das Highlight des Skigebiets. Endlos schwingen wir durch die beein-druckende Landschaft. Oben sind die Hänge noch ganz frei, dann tauchen wir langsam in den Bergwald ein bis wir schließlich völlig außer Atem und mit wildem Herzklopfen wieder an der Talstation des Aggensteinliftes ankommen. Einziger kleiner Wehmuts-tropfen: Bis Mitte Februar steht die Sonne nur flach über Brentenjoch und Aggenstein, so dass die Aggensteinabfahrt im Hochwinter recht schattig ist. Alle anderen Hänge und Hütten liegen auch da schon in der Sonne.

Nun fehlt uns nur noch die Talabfahrt ❻, die komplett auf einem breiten Forstweg durch den Wald verläuft. Auch wenn es keine wirkliche Skipiste ist, so hat das Hinunterbrausen in den bobbahnartigen Serpentinen durchaus seinen Reiz. Meine Kids lieben diesen Weg. Etwas lästig ist lediglich das kurze Schiebestück im oberen Drittel.

Die Einkehrmöglichkeiten

Skizentrum Pfronten-Steinach

Vom **Tiroler Stadl** aus hat man einen traumhaften Ausblick auf Pfronten und die Pisten des Skizentrums. Die Hütte ist rustikal eingerichtet, das Essen ist gut und günstig.

Zu einem kleinen Einkehrschwung mit Kaffee und Kuchen, einer deftigen Brotzeit oder auch zum gepflegten Aprés lädt die **Scheiber Alm** an der Talstation des Skizentrums ein. Sie wurde komplett umgebaut und liebevoll renoviert. Die rustikalen Holzbalken stammen aus einem jahrhundertealten Pferdestall vom Kleinwalsertal.

Hochalpe

Das **Berghaus Allgäu** ist die größte Hütte, die mit einem traumhaften Ausblick auf den Forggensee und die dahinter liegenden Berge punktet. Sogar die Abfahrt am Tegelberg lässt sich von hier aus erkennen. Im Innenraum herrscht Restaurant-Charakter. Die Sonnenterrasse bietet alpineres Ambiente. Ein wunderbarer Übernachtungstipp, mit besonders herzlicher Betreuung der Wirtsleute.

Die nahe gelegene **Hochalphütte** ist alpiner. Auch hier kann man übernachten und günstig essen. Besucher finden einen urigen Innenraum und eine Sonnenterrasse vor.

Ein **Glaspavillon** im Tal direkt neben der Kabinenbahn bietet eine weitere Option für ein kühles Weißbier zwischendurch.

Flutlichtfahren im Skizentrum mit Blick hinunter auf Pfronten

Alles auf einen Blick

Skigebiet und Winteraktivitäten

 1/0 1/0 2/4 ⬇ 2/2   Pisten: ● = 2 km, ● = 20 km, ● = 0 km

Breitenberg: Tageskarte Erw. 29,50 Euro, Kinder 20,50 Euro. Familienkarten zu ermäßigten Preisen. ⊕ www.breitenbergbahn.de. **Skizentrum Pfronten:** Tageskarte Erw. 24,50 Euro, Kinder 17,70 Euro. Auch hier Familienkarten zu ermäßigten Preisen. Flutlichtfahren im Skizentrum auf der Familien- und der Standardabfahrt jeden Mi und Fr von 18 - 21 Uhr Erw. 16 Euro, Kinder 10,20 Euro. ⊕ www.skizentrum-pfronten.de

Skilanglauf: Es gibt 65 km gespurte Loipen in Pfronten in allen Schwierigkeitsgraden. Fast alle sind neben der klassischen Spur auch für Skating präpariert.

Winterwandern: Um Pfronten herum gibt es zahlreiche präparierte Winterwanderwege, beispielsweise zur Burgruine Falkenstein oder zum Gasthof Fallmühle.

Unterkunft

Das **Hotel Bavaria**★★★★ begeistert mit seiner bayerisch-liebenswürdigen Gemütlichkeit, die sich mit lässiger Eleganz verbindet. Die großzügigen Zimmer sind mit alpenländischem Charme modern und komfortabel eingerichtet. In dem auf Familien ausgerichteten Hotel ist alles geboten, damit sich insbesondere auch die kleinen Gäste rundum wohlfühlen. Von Familienzimmern mit mehreren Räumen und kompletter Babyausstattung bis hin zum Kinderspielclub mit kostenloser

ganztägiger Betreuung durch Kinderanimateure. Die drei Restaurants bieten einen Gaumenschmaus der besonderen Art. Ehrliche, saisonale und regional orientierte „bayerischen Weltküche". Der Wellnessbereich mit Panoramahallenbad wird durch die märchenhafte Wasserwelt und die großzügige Saunalandschaft mit Infrarotkabine zur erholsamen und entspannenden Wohlfühloase. Abgerundet wird dies durch das qualitativ hochwertige Massage- und Kosmetikangebot. All-Inclusive Sorglospaket im DZ ab 112 Euro. Kinder bis 3 J. 22 Euro, dann Staffelung nach Alter inkl. Betreuung und Verpflegung. ⌂ Kienbergstraße 62, 87459 Pfronten ☎ +49.8363.9020 ⊕ www.hotel-bavaria-pfronten.com

Restaurants

In der **Pizzeria Italia** kocht der Chef selbst. Das Essen ist sehr gut und die Bedienung ausgesprochen freundlich. ⌂ Tiroler Str. 98, 87459 Pfronten-Steinach ☎ +49.8363.5544.

Talort

Pfronten liegt im bayerisch-schwäbischen Landkreis Ostallgäu direkt an der Grenze zu Tirol. Es besteht aus 13 Ortsteilen und hat knapp 8.000 Einwohner. Im Ort gibt es ein Krankenhaus, eine Apotheke, ein Kino, mehrere Restaurants und Einkaufsmöglichkeiten. Pfronten liegt direkt an der A7 und hat einen eigenen Bahnhof.

Alles auf einen Blick

Tourist-Info

Pfronten Tourismus: ⌂ Vilstalstraße 2, 87454 Pfronten-Ried im „Haus des Gastes" ☎ +49.8363.698-88 ⊕ www.pfronten.de ✉ info@pfronten.de

Skiverleih

Alpine und Langlauf-Skier, Snowboards, Schneeschuhe und Rodel kann man bei **Sport Kolb** ausleihen. Das großzügige Ladengeschäft befindet sich direkt neben dem Tourist Office ⌂ Allgäuer Straße 5, 87459 Pfronten ☎ +49.8363.92130 ⊕ www.sport-kolb.de

Skischule

Die **Skischule Pfronten Ostallgäu** bietet Kurse in allen Leistungsklassen an. Die Alpinkurse finden im Skizentrum und auf der Hochalpe statt. Das Skischulbüro befindet sich im Skizentrum. ☎ +49.8363.9292730 ⊕ www.skischule-pfronten-ostallgaeu.de

Familien mit Kindern

Die Skischule Pfronten Ostallgäu bietet spezielle **Zwergerlkurse** für Kinder ab 3 J. auf dem abgetrennten Skitty-Übungsgelände mit Zauberteppich an. Ganztagesbetreuung möglich.

Eine **Naturrodelbahn** führt von der Bergstation der Hochalpbahn auf dem 6 km langen Ostlerforstweg ins Engetal (Busverbindung zurück zur Talstation). Rodelverleih an der Talstation.

Zudem gibt es eine **Naturrodelbahn** oberhalb des Ortsteils Kappel. Den Anstieg muss man allerdings zuvor selbst bewältigen: bis zur Hündeleskopfhütte (1.199 m) läuft man 45 min und weiter bis zur Kappeler Alm (1.370 m) nochmals 45 min. Beide Hütten mit Verpflegung und Rodelverleih.

Das **Eisstadion Pfronten** ist von September bis März geöffnet und bietet auf einer Eisfläche von 1.800 m² (30 x 60 m) reichlich Platz zum Eislaufen und Eishockeyspielen. Schlittschuhe können vor Ort ausgeliehen werden. ☎ +49.8363.1635

Familien mit Kindern finden in der **Pension Vendel** eine sehr schöne und dennoch günstige Unterkunft. Die Zimmer und Ferienwohnungen sind komfortabel und bieten ausreichend Platz. Es gibt sogar einen kleinen Wellnessbereich, in dem die Gastgeberin auch Anwendungen anbietet. DZ ab 34 Euro pro Person. Kinderermäßigung. Kinderbetten und -stühle vorhanden. ⌂ Achtalstraße 26, 87459 Pfronten-Steinach ☎ +49.8363.92710 ⊕ www.pension-vendel.de In der Pension Vendel erhalten Sie kostenfrei die KönigsCard, die zusätzliche Leistungen beinhaltet wie beispielsweise Eintritt ins Eisstadion, Schnupperskikurse oder 1x Skiverleih.

Um unsere Kleinen kümmert sich liebevoll die **Allgemeinmedizinerin** Frau Dr. med. Monika Sprandel. ⌂ Allgäuer Straße 11, 87459 Pfronten ☎ +49.8363.8473.

Weitere Skilifte

In Pfronten gibt es noch ein drittes Skigebiet: die **Sonnenlifte Röfleuten** im Ortsteil Röfleuten, vgl. Seite 140.

Schwangau

Der Tegelberg – Die Königsschlösser fest im Blick

Der Tegelberg bietet den Besuchern ein weiß-blaues Winterwunderland. Hier wartet eine sagenhafte Aussicht. Spaß bieten die überwiegend breiten Pisten, die auch den erfahrensten Skifahrern ein Lächeln ins Gesicht zaubern.

Am Tegelberg angekommen, sticht dem Besucher ein Schild ins Auge, auf dem geschrieben steht: „Herzlich willkommen in einer der wunderbarsten Landschaften am Alpenrand". Und das ist wahrlich keine Übertreibung. Wenn knirschend kalter, pulveriger Neuschnee auf einen strahlend blauen Himmel trifft, dann offenbart sich hier ein weiß-blaues Wintermärchen, das seinesgleichen sucht.

Ein Blick nach Nordwesten eröffnet uns ein tolles Voralpenpanorama. Über dem Skigebiet, das nach Westen ausgerichtet ist, erhebt sich der felsige Branderschrofen. Im Süden sehen wir die Tiroler und die Tannheimer Berge, während weiter gen Westen mit dem Breitenberg das nächste interessante Skigebiet lockt. Der Tegelberg selbst bietet trotz seiner wenigen Lifte sehr viele Optionen: Familien mit kleinen

Kindern und Anfänger nutzen die sanften Hänge der drei Schlepplifte im Tal für ihre ersten Schwünge, die Snowboarder treffen wir in dem kleinen Funpark am Adlerlift, die größeren Kids üben am Reithlift das Carven. Und alle anderen genießen die wunderbar lange dunkelrote Hauptabfahrt.

Der Startpunkt

Schon die Anfahrt nach Schwangau bereitet Glücksgefühle. Jedes Mal wenn ich vom Bannwaldsee kommend inmitten freier Felder plötzlich die kleine freistehende Wallfahrtskirche St. Coloman sehe und dahinter das Schloss Neuschwanstein in der Sonne glitzert, denke ich spontan dasselbe: Ich will hier nie wieder weg!

Die Pisten

Wir steigen in die **Tegelbergbahn** (A), die uns in wenigen Minuten von 820 auf 1.720 m bringt. Die Aussicht auf die tiefroten 900 Hm ins Tal zaubern uns ein breites Grinsen ins Gesicht, das bis zum Sonnenuntergang anhalten wird.

An der Bergstation fahren wir einen kurzen Ziehweg um die neue Panorama-Gaststätte herum. Dann verbreitert sich die Piste der Hauptabfahrt ❶ in eine leichte Linkskurve. Spätestens hier seufzen auch die Skifahrer entzückt auf, die denken, schon alles gesehen zu haben. Die Piste biegt sich nach rechts und wir carven sie herunter. Es wird kurz flacher und wir atmen tief ein, bevor die einzige unschöne Stelle folgt: ein schräg hängender, schmaler Abschnitt. Der zeigt sich leider oft vereist und ist dann entsprechend unangenehm zu fahren.

Nach etwa einem Drittel der Abfahrt, wird die Piste wieder breiter. Der Weg führt uns immer geradeaus auf die Rohrkopfhütte zu, die ziemlich

Gebietsinfo

Land:	Deutschland
Anfahrt:	A7/A96, B17
Höhenlage:	830 - 1.720 m
Charakter:	Anspruchsvolles Skigebiet mit schönen Übungsliften im Tal für Anfänger
Lifte:	5 Lifte, 9 km
Beste Zeit:	Januar - März
Pisten:	■ ■ ■ ■ ■ ■ ■ ■ ▫
Liftanlagen:	■ ■ ■ ■ ■ ■ ▫ ▫ ▫
Hütten:	■ ■ ■ ■ ■ ▫ ▫ ▫ ▫
Wohlfühlfaktor:	■ ■ ■ ■ ■ ■ ■ ▫ ▫

genau auf halber Höhe liegt. Kurz vor der Hütte wendet sich die Piste dann um 90 Grad nach links auf Kurs Südwest.

Wenn man an dieser Stelle denkt, dass es nicht noch schöner werden kann, so wird man sogleich eines Besseren belehrt. War im oberen Teil doch eher Kurzschwung angesagt,

Hauptabfahrt mit Blick auf den Bannwaldsee

so ist der jetzt folgende breite Pistenabschnitt absolut perfekt für lange rasante Carving-Schwünge. Achtgeben sollte man nur, dass man dabei nicht einen tranceartigen Geschwindigkeitsrausch verfällt, da man dann womöglich das herrliche Panorama und den direkten Blick auf die beiden Königsschlösser Neuschwanstein und Hohenschwangau versäumt, vgl. Foto auf Seite 6.

Außerdem laufen hier am Ende der langen Geraden auch öfter einmal Tourengeher am Pistenrand entlang. Weiter oben entschwinden sie auf eine eigens angelegte Tourengeherroute in den Wald.

Noch ein paar sanfte Kurven, zuletzt über eine freie Wiese, und schon sind wir wieder an der Talstation. Wiederholung bitte!

Nach mehreren Talabfahrten sind wir noch immer gierig auf Schnee, also erforschen wir die anderen Pisten. Kurz vor Ende der Hauptabfahrt entdecken wir zwei Abzweigungen: Während uns die goldene Mitte wieder zur Tegelbergbahn bringt, kommen wir auf der rechten Abzweigung zu den drei eingangs schon beschriebenen Familien- und Anfänger-Schleppliften. Vor allem der **Gamslift** (E) und der **Falkenlift** (D) bieten mit ihren sanften blauen Pisten ❹ und ❺ perfektes Terrain für die ersten Schwünge.

Am **Adlerlift** (C) sichten wir viele Snowboarder, die sich in einem kleinen Funpark tummeln. Er befindet sich direkt neben der Piste ❸ und enthält ein paar Wellen, Boxen und Rails sowie Stangen zum Grinden.

Nehmen wir stattdessen den linken Abzweig, so bringt er uns zum **Reithlift** (B), der zwei hellrote Pisten ❷ erschließt. Hier finden gelegentlich Rennen kleinerer Skiclubs statt. Tipp: Wenn an der Seilbahn der Andrang zu groß wird, einfach auf den Reithlift ausweichen. Mit einer Verbindung zurück zur Hauptabfahrt bietet er sogar drei Pistenvarianten.

Am Mittwoch und am Samstag von 18 bis 21 Uhr sind Adler- und Reithlift übrigens auf Anfrage beleuchtet. Meist aber nur für Gruppen.

Die Einkehrmöglichkeiten

Das **Panorama-Restaurant** an der Bergstation ist mit seinen 1.720 m das zweithöchste Restaurant Deutschlands. Die Aussicht von der Sonnenterrasse ist geradezu phänomenal. Auf den Liegestühlen liegen bereits Decken für alle Nichtskifahrer. Und davon gibt es genügend hier oben: Vornehmlich ausländische Touristen, die den Besuch der Königsschlösser mit einer Auffahrt auf den Tegelberg kombinieren. An schönen Sonnentagen wird man hier kaum ein freies Plätzchen finden.

Wer es gerne etwas ruhiger hat, der sollte lieber ein paar Meter tiefer in das **Tegelberghaus** Berghütte wurde 1835 von Maximilian II., dem Vater von Ludwig II., als königlich-bayerisches Jagdhaus erbaut. Auch hier gibt es eine Sonnenterrasse mit nicht minder schöner Aussicht. Die Küche ist gutbürgerlich, die Preise sind fair. Am Donnerstagabend ist lange geöffnet und hungrige Tourengeher bekommen noch spät abends etwas zu essen.

Auf halber Höhe liegt die **Rohrkopfhütte**. Von der Sonnenterrasse hat man einen direkten Blick auf Schloss Neuschwanstein.

Adler- und Falkenlift

Alles auf einen Blick

Skigebiet und Winteraktivitäten

 1   4   Pisten: ⬤ = 3,5 km, ⬤ = 5,5 km, ⬤ = 0 km

Tageskarte Erw. 27 Euro, Kinder 16 Euro. Vergünstigte Familienkarten. Der Funpark am Adlerlift ist kostenfrei nutzbar. Mittwoch- und samstagabends ist auf Anfrage Flutlichtanlage in Betrieb, allerdings meist nur für Gruppen ☎ +49.8362.98360 ⊕ www.tegelbergbahn.de

Skilanglauf: Es gibt 30 km gespurte Loipen, die fast alle neben der klassischen Spur auch für Skating präpariert sind. Sie können kostenlos benutzt werden. Besonders attraktiv ist die 2 km lange "Neuschwanstein-Loipe" direkt unterhalb des Märchenschlosses. Und ein absolutes Highlight ist es, wenn sie am Mittwoch- und Samstagabend von 18 - 21 Uhr beleuchtet wird.

Biatholon: Am Donnerstagabend gibt es einen Gäste-Biathlon mit Lasergewehren für Einsteiger und Fortgeschrittene am Beginn der Neuschwanstein-Loipe.

Winterwanderungen: Das geräumte Wegenetz in und um Schwangau umfasst über 50 km. Ein besonderes Erlebnis ist die Wildfütterung am Waldrand zwischen Bannwald- und Forggensee. Hier kommen jeden Tag gegen 15 Uhr bis zu 140 Wildtiere zum Futterplatz. Geführte Schneeschuhtouren bietet Ski-Sport Luggi an der Tegelberg-Talstation (s. rechts).

Skitour: Eine markierte Skitourenroute führt größtenteils abseits der Piste durch den Wald über den Schutzengelweg und die Rohrkopfhütte bis zum Tegelberghaus. Sie ist als Schnupperskitour geeignet, eine Lawinenausrüstung wird nicht benötigt. Donnerstags hat das Tegelberghaus lange geöffnet, so dass man die Tour als Nachtskitour mit Stirnlampe gehen kann.

Unterkunft

Das **Verwöhnhotel Maximilian**★★★ ˢ empfängt seine Gäste in eleganter und gleichzeitig gemütlich-familiärer Atmosphäre. Die komfortablen Zimmer sind in naturnahem Landhausstil oder in modernem Ambiente mit Kirschholzmöbeln gehalten. Der Morgen beginnt mit einem gesunden, reichhaltigen Langschläfer-Frühstücksbuffet mit vielen saisonalen und hausgemachten Spezialitäten. Nach einem schönen Skitag kann man in der finnischen Sauna, dem Aroma-Dampfbad oder im Hallenbad mit angeschlossener Wellness-Lounge entspannen und bei einer Relaxmassage Körper und Seele in Einklang bringen. WLAN ist kostenfrei verfügbar. ÜmF im DZ ab 59 Euro. ⌂ Marienstraße 16, 87645 Schwangau-Waltenhofen ☎ +49.8362.988-0 ⊕ www.hotel-maximilian-schwangau.de

Tipp für die, die sich noch etwas mehr Luxus gönnen möchten: Das nahegelegene König Ludwig Wellness- und Spa-Resort bietet neben einem abwechslungsreichen Aktiv- und Vitalprogramm auch noch exquisite Gaumenfreuden im hauseigenen Kulinarium. ⊕ www.koenig-ludwig-hotel.de

Restaurants

Im **Brunnenstüberl** kann man nicht nur vorzüglich essen, sondern genießt im neuen Wintergarten auch einen sehr schönen Blick über den Forggensee und das Voralpenland. Für die Gerichte werden ausschließlich frische Zutaten von lokalen Anbietern verwendet. ⌂ Seestraße 81, 87645 Schwangau-Brunnen ☎ +49.8362.987284 ⊕ www.brunnenstueberl.de

Alles auf einen Blick

Talort

Insbesondere durch seine Königsschlösser ist der heilklimatische Kurort Schwangau weithin bekannt. Allein das Schloss Neuschwanstein hatte in 2012 über 1,3 Millionen Besucher. Schwangau hat 3.500 Einwohner und eine ausgeprägte Infrastruktur mit vielen Geschäften. Öffentlich ist es erreichbar per Bus ab dem 5 km entfernt gelegenen Bahnhof Füssen.

Tourist-Info

Tourist Information Schwangau: ⌂ Münchener Straße 2, 87645 Schwangau ☎ +49.8362.81980 ⊕ www.schwangau.de ✉ info@schwangau.de

Skiverleih

In der Skistation von **Ski Sport Luggi** direkt an der Tegelbergbahn kann man jede Art von Winterausrüstung leihen, auch beispielsweise ein Skitourenset oder Sportschlitten. Skibekleidung und Accessoires gibt es natürlich auch. ☎ +49.171.8087852 ⊕ www.ski-sport-luggi.de

Skischule

Die **Schneesportschule Schwangau** befindet sich direkt am großen Parkplatz an der Sommerrodelbahn. Hier kann man Ski- und Snowboardkurse für jede Altersklasse und jedes Leistungsniveau belegen. ☎ +49.8362.983660 ⊕ www.schneesport-schwangau.de

Familien mit Kindern

Für Kinder zwischen 3 und 5 J. bietet die **Schneesportschule Schwangau** einen speziellen Zwergerlkurs an, der spielerisch die ersten Bewegungsabläufe vermittelt. Mittagsbetreuung möglich.

Der **Ponyhof Fischer** hat eine eigene Reithalle und bietet auch im Winter Reitstunden und Ausritte an. ⊕ www.ponyhof-fischer.de

Eine schöne **Naturrodelbahn** führt hinauf zur Drehhütte (Einkehrmöglichkeit). Länge 3,5 km, Aufstiegszeit ca. 1 Stunde.

Der **Gasthof Seeklause** bietet jungen Familien mit seinen großzügigen und modernen Zimmern und Appartements eine günstigere Alternative inklusive KönigsCard. ÜmF im DZ ab 40 Euro. ⌂ Seestraße 75, 87645 Schwangau-Brunnen ☎ +49.8362.81091 ⊕ www.schwangau-seeklause.de

Alternativ können junge Familien auch im **Landhaus beim Ziller** ein schönes Quartier finden. ÜmF im DZ mit Etagendusche bereits ab 23 Euro. ⌂ Forggenseestraße 57, 87645 Schwangau-Waltenhofen ☎ +49.8362.81091 ⊕ www.landhaus-ziller.de

Der nächste **Kinderarzt** befindet sich in Füssen: Dr. med. Wolfgang Berger. ⌂ Kreuzstr. 12, 87629 Füssen ☎ +49.8362.921350. Ein Allgemeinarzt ist vor Ort: Dr. med. Helmut Blersch. ⌂ Mitteldorf 28, 87645 Schwangau ☎ +49.8362.8504

Extra-Tipp

In den diversen Saunen und Dampfbädern der **Königliche Kristall-Therme Schwangau** kann man nach einem schönen Skitag relaxen und sich danach im angegliederten Restaurant verwöhnen lassen. Von den Außenbecken hat man direkte Sicht auf die Königsschlösser. ⌂ Am Ehberg 16, 87645 Schwangau ☎ +49.8362.819630 ⊕ www.kristalltherme-schwangau.de

Der Buchenberg – Ein feiner kleiner Skihügel

Erstaunlich, was sich aus einem kleinen Hügel zaubern lässt! Der Buchenberg bietet ein nettes, schnuckeliges Skigebiet mit grandioser Aussicht.

Der Buchenberg ist ein süßes kleines Familienskigebiet im besten Sinne des Wortes. Alle Zutaten sind vorhanden: Nette Lifte ohne Wartezeiten, abwechslungsreiche Abfahrten, eine gemütliche, sonnenverwöhnte Hütte mit tollem Ausblick und alles eingebettet in die wunderbare Voralpenlandschaft des Allgäu.

Ok, es sind nicht gerade viele Lifte aber durch die zahlreichen Varianten kommt dennoch keine Langeweile auf. Und der sehr faire Preis ist ein zusätzlicher Pluspunkt.

Einziges Problem kann der Schnee werden, da es keinen Kunstschnee gibt und der untere Pistenbereich bereits ab 11 Uhr voll in der Sonne liegt.

Der Startpunkt

Der Buchenberg befindet sich im Ortsteil Buching der Gemeinde Halblech. An der Talstation des Liftes gibt es einen Parkplatz.

Die Pisten

Auf den Gipfel des Buchenberges mit 1.140 m gelangen wir mit dem **Doppelsessel Buching** (A). Von hier aus haben wir einen unvergesslichen Ausblick auf das Voralpenland, den Forggensee und den ersten Bergkamm. Der Breitenberg ist gut zu erkennen, dahinter erheben sich die Tannheimer Berge mit dem Reutter Hahnenkamm. Links von uns sehen wir unseren großen Nachbar, den Tegelberg, mit dem Schloss Neuschwanstein.

Dieses traumhafte Panorama lässt sich auch bestens von der sonnenverwöhnten Terrasse der Buchenbergalm genießen - was wir in der

Mittagspause auch ausgiebig tun werden.
Jetzt stürzen wir uns aber erst einmal voller Elan in die Waldabfahrt ❶. Sie beginnt mit einer breiten Wiese, die wegen der Gipfellage trotz Ausrichtung nach Norden ganztägig in der Sonne liegt. Schon nach ein paar Metern zweigen links die beiden Buckelpisten ab. Nach einem kurzen Ziehweg wird es etwas steiler. Dieser dunkelblaue Abschnitt wird ab Mittag durch die Bäume am Pistenrand schattig. Wir nehmen den Schwung mit, holen aus und ziehen eine herrliche 180-Grad-Kurve in voller Carvingschräglage. Die hier besonders breite Piste schwenkt nach links Richtung Westen und wird dann wieder etwas flacher. Noch immer haben wir volle Fahrt und genießen das Stück in einigen schönen Kurven. Schließlich gelangen wir auf den Zielhang, der fast ganztägig von der Sonne verwöhnt wird. Ab hier geht es gemütlich ins Tal oder zum Hasenlift. Von den beiden roten Buckelpisten ist die erste, die Standardabfahrt ❷, die einfachere. Ihr Hang ist etwas breiter und schon bald hat man die Möglichkeit, nach links auf die Familienabfahrt ❹ auszuweichen. Die führt ebenfalls ins Tal zum Sessellift und bietet sanfte breite Hänge, die ideal zum Carven sind.
Bleibt man von oben kommend geradeaus, kommt man zur Bergstation des **Hasenliftes** (B). Hier kann man sich dann entscheiden, ob man links auf der Familien- oder rechts auf der Waldabfahrt weiterschwingt.

Gebietsinfo

Land:	Deutschland
Anfahrt:	A96/A7, B17
Höhenlage:	800 - 1.140 m
Charakter:	Kleines familiäres Familienskigebiet mit moderaten Preisen
Lifte:	3 Lifte, 4,5 km
Beste Zeit:	Januar - März
Pisten:	■ ■ ■ ■ ■ ■ ■ ▫ ▫ ▫
Liftanlagen:	■ ■ ■ ■ ■ ■ ■ ■ ▫ ▫
Hütten:	■ ■ ■ ■ ▫ ▫ ▫ ▫ ▫ ▫
Wohlfühlfaktor:	■ ■ ■ ■ ■ ■ ■ ■ ■ ▫

Die zweite Buckelpiste ❸ ist etwas anspruchsvoller und mündet unten in die Waldabfahrt.
Vervollständigt wird das Skigebiet Buchenberg durch den **Spielhanglift** (C). Auch er bietet wieder zwei Pistenvarianten rechts und links von der Liftspur: Die blaue Piste ❺ ist schon eher kräftig dunkelblau und nur ein klein wenig leichter als die rote ❻. Beide sind eine gute Alternative für die größeren Kids.

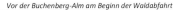
Vor der Buchenberg-Alm am Beginn der Waldabfahrt

Von der Buchenbergalm führt übrigens auch eine sehr schöne Naturrodelbahn hinab ins Tal. Sie verläuft komplett auf eigener Trasse, oben noch durch den Wald, unten dann über freie Hänge.

Und es gibt eine Höhenloipe, die bis zur Buchenbergalm hinaufführt. Also nicht überrascht sein, wenn man nach dem Aussteigen aus dem Sessellift plötzlich einem Langläufer gegenübersteht.

Ein wichtiger Hinweis: Bei schlechtem Wetter bleibt der Sessellift mangels Publikum mitunter geschlossen. Es ist deshalb ratsam bei Tagesausflügen vorher dort anzurufen.

Und noch etwas: Direkt in Halblech gibt es einen weiteren Schlepplift mit drei Abfahrtsvarianten, der sich am An- oder Abreisetag als nette Alternative anbietet.

Die Einkehrmöglichkeiten

Die **Buchenbergalm** an der Bergstation des Sesselliftes punktet vor allem mit ihrer traumhaften Sonnenaussichtsterrasse. Aber auch das Essen im Selbstbedienungsrestaurant ist lecker. Die Preise sind fair.

An der Talstation erwartet uns das **Poseidon**, ein eigentlich griechisches Restaurant, in dem man aber auch gute Pizzen bekommt. Mit seiner durchgehend warmen Küche bis 22.30 Uhr ist es auch eine Alternative für Abends.

Ein sehr netter Geheimtipp ist das **Gasthaus Seerose** in Buching-Berghof am Rauhenbichl. Im Sommer mit Biergarten und Bademöglichkeit (www.kiosk-seerose.de).

Die tolle Aussicht am Buchenberg genießen auch noch andere...

Rechts: Pferdeschlittenfahrt durch die tiefverschneite Winterlandschaft

Skigebiete

Inhalt

Einleitung

Nesselwang

Pfronten

Schwangau

Halblech

Bad Kohlgrub

Alles auf einen Blick

Skigebiet und Winteraktivitäten

 1   2   Pisten: ⬤ = 3 km, ⬤ = 1,5 km, ⬤ = 0 km

Tageskarte Erw. 25 Euro, Kinder 18 Euro. ☎ +49.8362.91250 ⊕ www.buchenbergbahn.de

Skilanglauf: Im Tal sind über 30 Kilometer bestens präparierter Langlaufloipen angelegt, die kostenlos benutzt werden können. Außerdem gibt es noch eine Höhenloipe für Sportliche, die hoch zur Buchenbergalm führt. ⊕ www.halblech.de/allgaeu-im-winter

Winterwandern: Um Halblech herum gibt es über 50 km geräumte Wanderwege. Besonders attraktiv sind der Roßweg, die Tour auf den Buchenberg, der Moorweg am Buchinger Filz entlang und der König-Ludwig-Weg zur Wieskirche. ⊕ www.halblech.de/allgaeu-im-winter

Unterkunft

Das **Hotel Kaufmann**★★★ liegt inmitten der traumhaft malerischen Bergkulisse des Ostallgäus am
Forggensee. Es bietet stilvolle Landhauszimmer mit
allem Komfort. Der neu gestaltete großzügige Wellnessbereich umfasst neben einer gepflegten Saunalandschaft auch ein Pool-Haus mit einem 15 Meter
langen Schwimmbecken und tollem Blick auf die
Berge sowie ein Fitnesscenter. Für optimales Wohl-
befinden sorgt ein umfangreiches Verwöhn-

programm mit Massagen, Energiebehandlungen und Beauty-Anwendungen. Im Restaurant kocht der Chef persönlich und serviert täglich frisch regionale, alpenländische und mediterran ange-hauchte Spezialitäten, die vorrangig aus Produkten der Region zubereitet werden. ÜmF im DZ ab 67,50 Euro, Kinder bis 2 J. kostenlos, dann gestaffelt nach Alter. HP-Zuschlag 4-Gänge-Genießer-Halbpension mit 4 Hauptgerichten zur Wahl 37,50 Euro. ⌂ Füssener Str. 44, 87672 Roßhaupten ☎ +49.8367.9123-0 ⊕ www.hotel-kaufmann.de.

Restaurants

Die **Alpenstuben Buching** bieten neben traditioneller bayrischer und deutscher Küche auch Einblicke in die internationale Gastronomie. Ob ein Mittagessen mit der Familie, ein romanti-sches Abendessen zu zweit, oder ein Treffen mit den Freunden, hier findet jeder seinen Platz und der Küchenchef zaubert auch gerne maßgeschneiderte Menüs. ⌂ Romantische Straße 16, 87642 Halblech ☎ +49.8368.1340 ⊕ www.alpstuben-buching.de

Talort

Der staatlich anerkannte Erholungsort Halblech ist das „Tor zum Naturschutz-gebiet Ammergebirge". Hier findet man Ruhe abseits der betriebsamen Königsschlösser. Die Gemeinde Halblech hat 3.500 Einwohner und setzt sich aus den 32 Ortsteilen zusammen, von denen einer Buching ist. Der nächste Bahnhof befindet sich in Füssen (12 km).

Alles auf einen Blick

Tourist-Info

Gästeinformation Halblech: ⌂ Dorfstrasse 18, 87642 Halblech   ☎ +49.8368.285
🌐 www.halblech.de ✉ info@halblech.de

Skiverleih

Direkt am Buchenberg gibt es leider keinen Skiverleih. Der nächste ist **Sport Luggi** am Tegelberg
(15 km entfernt), siehe Seite 39.

Skischule

Auch Skischule ist die nächste die **Schneesportschule Schwangau** am Tegelberg, siehe Seite 39.

Familien mit Kindern

Sehr beliebt ist die 2,5 Kilometer lange **Winterrodelbahn**, die abends bis 22 Uhr beleuchtet ist. Sie
beginnt an der Buchenbergalm. Dorthin kann man wandern (1¼ Stunde) oder mit dem Sessellift
fahren, der bis 16.30 Uhr in Betrieb ist. Rodel kann man in der Hütte leihen für 3 Euro.

Am Bannwald- und Forggensee kann man sehr gut **Schittschuhlaufen** - sofern es ausreichend
kalt ist. Alternativ ist das Eisstadion Füssen täglich geöffnet 13.30 - 17.00 Uhr sowie zusätzlich
montags 19 - 21 Uhr und samstags 19:30 - 21 Uhr. 🌐 www.blz.fuessen.de ☎ +49.8362.50750

Junge Familien finden eine günstige Unterkunft im **Gästehaus Alpenland**, das von einer jungen
sehr kinderlieben Familie geführt wird. Es bietet komfortable Zimmer im klassischen Landhausstil.
In der Gemeinschaftsküche kann man mittags und abends seine eigenen Mahlzeiten zubereiten.
Es gibt sogar einen kleinen Saunabereich. ÜmF im DZ ab 29,60 Euro pro Person, Kinder im Zustellbett je nach Alter ab 5 Euro. ⌂ Falkenstraße 14, 87642 Halblech-Berghof ☎ +49.8368.699
🌐 www.gaestehaus-alpenland.de.

Der nächste **Kinderarzt** befindet sich in Füssen: Dr. med. Wolfgang Berger. ⌂ Kreuzstr. 12,
87629 Füssen ☎ +49.8362.921350. Vor Ort kümmert sich Dr. Cornelius Karg um die Kleinen.
⌂ Forggenseestraße 15, 87642 Halblech-Buching ☎ +49.8368.1000

Weitere Skilifte

In Halblech selbst gibt es auch noch einen Schlepplift und zwei weitere, die Ilgenlifte, etwa
12 km nördlich, vgl. Seite 141.

Extra-Tipp

Nur wenige Kilometer nordöstlich von Halblech befindet sich die **Wieskirche**, eine der schönsten
Rokoko-Kirchen Süddeutschlands. Sie steht buchstäblich mitten auf der Wiese. Das von den
Wessobrunner Brüdern Dominikus und Johann Baptist Zimmermann erbaute und im Volksmund
»Wies« genannte Gotteshaus ist seit einigen Jahren als UNESCO- Weltkulturerbe ausgewiesen.
Mehrmals täglich gibt es kostenlose Führungen durch diese viel besuchte Wallfahrtsstätte.
Telefonische Anmeldung erforderlich. ☎ +49.8862.932930 🌐 www.wieskirche.de

Den Weg dorthin kann man entweder mit dem Auto zurücklegen (15 Minuten) oder zu Fuß
(95 Minuten) oder - ganz romantisch - mit der **Pferdekutsche**. Reservierung und Buchung
dafür bei Thomas Echtler. ⌂ Poststrasse 10, 87642 Halblech-Trauchgau ☎ +49.8368.665

Bad Kohlgrub

Das Hörnle – Urwüchsiges Idyll

Bequem und schnell über die Autobahn (A95) erreichbar, ist das Skigebiet in Bad Kohlgrub der perfekte Geheimtipp für Genießer und junge Familien. Fernab von Trubel und Massentourismus stehen hier Erholung und Natur im Vordergrund.

Ein atemberaubendes Panorama und gut präparierte Pisten in verschiedenen Schwierigkeitsgraden garantieren Spaß für Groß und Klein: Obwohl das Skigebiet Bad Kohlgrub recht überschaubar ist, hat es einiges zu bieten. Kinder können ihre ersten Schwünge am Tannenbankerl-Schlepplift oder an den Reindl-Liften machen, während Mama und Papa abwechselnd die 3,8 km lange Abfahrt vom Hörnle genießen.

Das Gebiet ist (noch) ein echter Geheimtipp: Unter der Woche sind die Abfahrten trotz idealer Wetter- und Schneebedingungen oft menschenleer. Am Wochenende kann es allerdings wegen der begrenzten Kapazität des Hörnle-Sessellifts schon einmal zu längeren Wartezeiten kommen. In diesem Fall kann man auf die beiden Schlepplifte ausweichen.

Der Startpunkt

Das Wintersportgebiet Bad Kohlgrub reicht von 900 bis 1.550 m, wenn man den Aufstieg zu Fuß auf den ersten Hörnle-Gipfel mitrechnet. Der Sessellift endet bereits auf 1.390 Metern.

Neben dem nostalgischen Hörnle-Doppelsessel (Baujahr 1954) gibt es noch zwei Schlepplifte sowie die beiden Reindl-Lifte, die sich besonders für Familien mit kleinen Kindern und Anfänger eignen. Sie haben einen eigenen Parkplatz an ihrer Talstation.

Für alle anderen beginnt der Tag an dem kleinen Parkplatz neben dem Sessellift. Falls dieser tatsächlich schon voll belegt sein sollte, gibt es noch einen zweiten Parkplatz etwas oberhalb am Tannenbankerl-Schlepplift (C).

Die Pisten

Nach knapp 20 Minuten im **Hörnle Sessellift** (A) oben angekommen, halten wir inne und genießen die Aussicht. Nach Osten blicken wir zum ersten der Hörnle-Gipfel, der sich wie ein Zuckerhut erhebt. Südlich daneben der zweite Hörnle-Gipfel, weiter östlich der dritte. Drumherum das gesamte Alpenpanorama, vom Brauneck über das Wetterstein-Massiv bis zu den Tannheimer Bergen. Wunderschön fügt sich auch das Fünfseenland in die Winterlandschaft ein, sofern die Ebene nicht durch Nebel bedeckt ist.

Vor der ersten Abfahrt können wir zum Aufwärmen über die teils gewalzte Piste die knapp 200 m auf den ersten Hörnle-Gipfel hochsteigen. Fünfzehn Minuten, die sich lohnen: Der Blick ist hier noch schöner. Genießer unternehmen diesen Aufstieg auch am Abend, wenn über den Ammergauer Alpen in traumhafter Winterstimmung die Sonne versinkt.

Der Stockhang ① ist offiziell eine blaue Talabfahrt, doch der erste Abschnitt ist nicht ganz flach und kann Anfänger schon ins Schwitzen bringen. Die etwas fortgeschritteneren Fahrer werden den Hang jedoch lieben: so breit wie er ist, ist er perfekt zum Carven.

Gebietsinfo

Land:	Deutschland
Anfahrt:	A95, B2, B23
Höhenlage:	900 - 1.390 m
Charakter:	Verträumtes kleines Familienskigebiet
Lifte:	3 Lifte, 6 km
Beste Zeit:	Januar - März
Pisten:	■ ■ ■ ■ ■ ■ ■ ▦ ▦ ▦
Liftanlagen:	■ ■ ■ ■ ▦ ▦ ▦ ▦ ▦ ▦
Hütten:	■ ■ ■ ■ ■ ▦ ▦ ▦ ▦ ▦
Wohlfühlfaktor:	■ ■ ■ ■ ■ ■ ■ ■ ▦ ▦

Wer nicht gleich wieder hinunter zum Sessellift möchte, kann mit dem **Stockhang-Schlepplift** (B) noch ein paar Wiederholungen einlegen. Gegenüber der Talstation des Schleppliftes befindet sich ein Bergwachthaus, vor dem eine Bank ein einladendes Sonnenplätzchen bietet. Wer nett fragt, darf sich hier ausruhen und den schönen Blick genießen.

Danach hat man auf dem Weg ins Tal zwei Möglichkeiten. Der sportliche Fahrer nimmt

Die Famlilienabfahrt

die anspruchsvolle Standardabfahrt ❷: Der steile Nordhang führt fast direkt unter dem Sessellift ohne große Windungen tiefrot hinab. Dieser Abschnitt ist unpräpariert, eine wilde Freeride-Piste, die Skifahrer vor eine echte Herausforderung stellt. Die Abfahrt ist recht schattig, dafür aber immer schneesicher. Der Weg führt hinunter zum Tannenbankerl-Lift.

Der Genussfahrer zweigt in die Familienabfahrt ❶ ab, die in östlicher Richtung einer Bergflanke folgt und damit fast ganztägig von der Sonne verwöhnt wird. Lediglich die umrandenden Tannenbäume werfen ihre Schatten. Wunderschön schlängelt sich eine der bezaubernsten Pisten am Alpenrand ganze 3,8 km durch den Bergwald.

Bevor der Hang nach Norden abbiegt, tut sich rechts noch eine zusätzliche Piste ❸ auf. Hier sollte man allerdings auf entgegenkommende Tourengeher achten. Am Pistenrand führt die extra ausgewiesene **Tourengeherroute** hinauf (im Übersichtsplan in Gelb eingezeichnet).

Nach wenigen hundert Metern treffen beide Pisten wieder zusammen. Ab hier fahren wir direkt nach Norden über einige Kuppen, die uns bei zügiger Fahrt schöne Sprünge bescheren. Sie sind aber auch für weniger Geübte kein Problem. Schließlich landen wir erneut an der Talstation des Sesselliftes, wo wir auch unsere ambitionierteren Kollegen von der Standardabfahrt wiedersehen.

Etwa 50 m oberhalb der Talstation zweigt rechts die Spur zum **Tannenbankerl-Schlepplift** (C) ab. Der Lift bietet eine ideale Piste für Kinder und Fahranfänger, die nur im oberen Abschnitt nahe bei der Liftspur etwas anspruchsvoller ist.

Die beiden **Reindl-Lifte** (D), ein Tellerlift und ein Seillift, sind leider seit 2019 geschlossen.

Und dann ist da noch die wunderbare, schier endlos lange Naturrodelbahn. Sie zieht sich komplett abseits der Skipisten durch den Wald bis zum Gipfel hinauf (im Skigebietsplan in Grün eingezeichnet). Mein Sohn liebt sie heiß und innig. Für uns ist sie immer der krönende Abschluss eines jeden Skitages in Bad Kohlgrub.

Blick zur Hörnle Hütte

Die Einkehrmöglichkeiten

Eine unglaubliche Aussicht dürfen wir auf der **Hörnle-Hütte** genießen, die mit einer Sonnenterrasse nach Süden ausgestattet ist. Genau hier ist mir an einem traumhaften Pulverschneetag im Januar 2009 übrigens die Idee zu diesem Buch gekommen.

Die Hütte bietet gute Verpflegung zu fairen Preisen bietet. Drinnen lässt es sich in urigem Ambiente gemütlich zuprosten, ausruhen und auch übernachten. Insgesamt gibt es 24 Lagerplätze.

Der alte Hörnle-Sessellift ist einer der wenigen, bei denen man die Skier nicht an den Füßen behält:
Ein hilfsbereiter Liftmann legt sie in die dafür vorgesehene Halterung neben dem Sitz. Und an kalten Tagen gibt es sogar noch eine Decke dazu.

Alles auf einen Blick

Skigebiet und Winteraktivitäten

 1 2   Pisten: ● = 3 km, ● = 3 km, ● = 0 km

Tageskarte Erw. 20 Euro, Kinder 18 Euro. ☎ +49.08845.592 ⊕ www.hoernlebahn.de

Skilanglauf: Über 100 km Loipen führen durch die Ammergauer Alpen. Fast alle sind neben der klassischen Spur auch für Skating präpariert. Alle sind von Bad Kohlgrub aus erreichbar und komplett kostenlos. Übersichtsplan und weitere Infos, vgl. Seite 45.

Winderwanderungen: Über 70 km geräumte Winterwanderwege stehen in den Ammergauer Alpen zur Verfügung. Besonders idyllisch ist Rundweg von Bad Kohlgrub zum Rantscher Weiher.

Skitour: Eine markierte Skitourenroute führt zum Hörnle-Kopf. Sie ist auch als Abend- oder After-Work- Skitour äußerst beliebt: die Hörnle Hütte hat abends immer bis 22 Uhr geöffnet.

Unterkunft

Das **Hotel Waldruh**✕✕✕ˢ liegt direkt an den Reindlliften, die aber leider seit 2019 geschlossen sind. Die liebevoll eingerichteten hellen Zimmer sind im Cottage-Stil gestaltet und mit natürlichen Holzmöbeln ausgestattet. Sie bieten einen sehr schönen Ausblick auf die herrliche Berglandschaft. Im 230 m² großen Spa mit Bergkiefer Hochmoorbädern kann man den Skitag perfekt ausklingen lassen. Eine große Palette an Schönheitsanwendungen, Massagen und Physiotherapie können direkt dazu gebucht werden. Morgens verwöhnt das Hotel mit einem reichhaltigen Frühstücksbuffet. Abends kann man sich im Hotel mit Schmankerln aus der Region verzaubern lassen. Am Wochenende bietet das nebenan gelegene rustikale Restaurant Sonnbichlhof regionale bayerische Spezialitäten zu fairen Preisen an. WLAN und Parkplätze sind kostenfrei verfügbar. ÜmF im DZ ab 35 Euro. ⌂ Sonnen 93, 82433 Bad Kohlgrub ☎ +49.8845.74100 ⊕ www.hotelwaldruh.de

Restaurants

Der **Gasthof Heimgarten** in Bad Kohlgrub bietet regional hochwertige Produkte zu einem fairen Preis. Hier kann man in gemütlichen Ambiente leichte, regionale und internationale Köstlichkeiten genießen. ⌂ Prentstraße 5 ☎ +49.8845.757722

Im Restaurant **La Portavecchia** mit Sonnenterrasse und Biergarten gibt es für jeden Geschmack etwas. Neben italienischen Nudelgerichten und leckeren Pizzen bietet die Speisekarte nämlich auch „bayerische Spezialitäten", wie Zwiebelrostbraten, Kässpätzle oder Schnitzel. ⌂ Hauptstraße 27a ☎ +49.8845.9200 ⊕ www.restaurant-bad-kohlgrub.de

Talort

Der Ort Bad Kohlgrub ist das höchstgelegene Moorheilbad Deutschlands und liegt in der Region Oberland am Fuße des Hörnle. Etwa 8 km östlich befinden sich der Staffelsee und das Murnauer Moos. Bad Kohlgrub zählt rund 2.500 Einwohner. In dem Ort gibt es zahlreiche Geschäfte, Supermärkte, Apotheken und eine Bahnstation (Ammergaubahn).

Alles auf einen Blick

Tourist-Info

Kur- und Tourist-Information: ⌂ Hauptstraße 27, 82433 Bad Kohlgrub ☎ +49.8845.74220 ⊕ www.ammergauer-alpen.de/bad-kohlgrub ✉ info@bad-kohlgrub.de

Skiverleih

Der Skiverleih der Skischule Bad Kohlgrub befindet sich direkt an der Piste neben der Talstation des Tannenbankerl-Schleppliftes. Hier kann man Skier und Snowboards aber auch Langlauf- und Skitourenausrüstung leihen. An den Wochenenden und in den Ferien ist er durchgehend geöffnet. Wochentags und bei schlechter Schneelage nach Vereinbarung. ⌂ Stickelsgrabenstraße ☎ +49.162.8755867 ⊕ www.skischulebadkohlgrub.de/skiverleih

Skischule

Im gleichen Gebäude wie der Skiverleih befindet sich auch die **Skischule Bad Kohlgrub**, die Kurse für alle Alters- und Leistungsklassen anbietet. Buchbar sind auch Halbtageskurse. ⌂ Stickelsgraben-straße ☎ s.o. oder abends +49.8856.75181 ⊕ www.skischulebadkohlgrub.de

Familien mit Kindern

In speziellen **Zwergerlkursen** vermittelt die Skischule Bad Kohlgrub schon den Kleinsten ab 3 J. den Spaß am Skifahren. Außerdem gibt es Ferien- und Wochenendkurse.

Die **Naturrodelbahn** am Hörnle ist 4,5 km lang. Rodelverleih an der Talstation.

Das **Gästehaus Alpina** bietet jungen Familien gemütlich eingerichtete Doppelzimmer und Ferien-wohnungen mit Südbalkon. Im Garten gibt es einen Spielplatz mit Rutsche und Schaukel. Schlitten können kostenlos geliehen werden. ÜmF im DZ ab 30,50 Euro. ⌂ Ludwigstraße 7, 82433 Bad Kohlgrub ☎ +49.8845.74070 ⊕ www.gaestehaus-alpina.com. Inklusive KönigsCard, die viele zusätzliche Leistungen beinhaltet wie beispielsweise 1x Berg- und Talfahrt täglich am Hörnle oder 1x täglich Eintritt in die Saunalandschaft des Hotel Waldruh, siehe links.

Die nächste **Kinderärztin** hat ihre Praxis in Garmisch-Partenkirchen: Dr. med. Helga Lotz-Neumcke, ⌂ Kankerweg 2, 82467 Garmisch-Partenkirchen ☎ +49.8821.908752. In Bad Kohlgrub kümmert sich Allgemeinmedizinerin Dr. Ingeborg Franke um die Kleinen, ⌂ St.-Martin-Straße 10, 82433 Bad Kohlgrub ☎ +49.8845.703020.

Extra-Tipp

Bad Kohlgrub ist berühmt für seine **Moorbäder**. Direkt vor Ort wird das dickbreiige alpine Bergkiefern Hochmoor gewonnen. Bereits seit 1871 ist Bad Kohlgrub offizieller Moorkurort. Für ein Moorbad wird ein großer Bottich oder eine Wanne mit vorher erwärmtem Torfbrei befüllt. In dieses bis über 40°C warme Moorbad setzt sich der Patient und taucht bis zum Hals ein. Bei einer Moorpackung wird der Torfbrei auf bestimmte Körperpartien aufgetragen, was eine zielgerichtete Behandlung ermöglicht. Hauptsächlich zum Einsatz kommt die Moortherapie bei Schmerzen des Bewegungs-apparates und bei Muskelverspannungen. Aufgrund der stoffwechsel- und durchblutungs-fördernden Wirkung zudem bei Stoffwechselstörungen, Harnwegserkrankungen und Frauenleiden.

Eine sehr großzügige ambulante Badeabteilung hat das **Kurbad Sanitas**. Es stehen auf 450 m² alleine 7 Moorkabinen und 4 Massageräume zur Verfügung. ⌂ St.-Martin-Strasse 7, 82433 Bad Kohlgrub ☎ +49.8845.322 ⊕ www.kurbad-sanitas.de

Langlaufloipen Ammergauer Alpen

Ammergauer Alpen

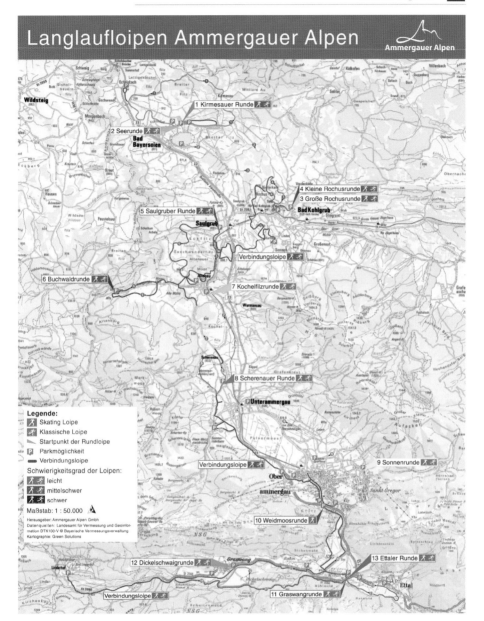

Legende:
- Skating Loipe
- Klassische Loipe
- Startpunkt der Rundloipe
- Parkmöglichkeit
- Verbindungsloipe

Schwierigkeitsgrad der Loipen:
- leicht
- mittelschwer
- schwer

Maßstab: 1 : 50.000

Herausgeber: Ammergauer Alpen Gmbh
Datenquellen: Landesamt für Vermessung und Geoinformation DTK100-V © Bayerische Vermessungsverwaltung
Kartographie: Green Solutions

13 miteinander verbundene Rundkurse und 3 Verbindungsloipen ergeben ein insgesamt über 100 km langes Loipennetz, das die Ammergauer Alpen zum absoluten Top Spot für jeden Langläufer macht.

Fast alle Loipen haben neben einer klassischen auch eine Skatingspur, werden täglich frisch präpariert, sind extrem schneesicher und komplett kostenlos!

Alle Informationen inklusive dem aktuellen Schneebericht gibt es bei der Tourist Information Oberammergau: ☎ +49.8822.922740
🌐 www.ammergauer-alpen.de/Winterurlaub/Langlaufen

Links: Tannenbankerl-Schlepplift

Kolben und Laber – Gegensätze ziehen sich an

Denkt man an Oberammergau, dann denkt man in erster Linie an die Passionsfestspiele, die hier alle zehn Jahre stattfinden. Dann an die Lüftlmalerei an den Häuserfassaden. Und die jüngere Generation bekommt sofort glänzende Augen und bei dem Gedanken an den Alpine Coaster.

Aber in Oberammergau gibt es noch wesentlich mehr. Beispielsweise gleich zwei interessante kleine Skigebiete: Kolben und Laber.

Beim ersten Blick auf die Karte wirkt das Skigebiet am Kolben in Oberammergau recht überschaubar. Doch dank einer großen Anzahl an Varianten lassen sich hier wunderbar abwechslungsreiche Tage mit der ganzen Familie verbringen. Anfänger und kleine Kinder freuen sich über die vielen blauen Pisten und die Größeren vergnügen sich im Funpark.

Und wenn es zwischendurch ein bisschen anspruchsvoller sein darf, dann fährt man einmal quer durch den Ort hinüber zum Laber.

Der Startpunkt

Während sich der Hauptstrom der Schneesüchtigen durch Oberau hindurch und weiter nach Garmisch quält, biegen wir am Ortsende von Oberau rechts ab und fahren über Ettal nach Oberammergau.

Auf der rechten Seite erhebt sich majestätisch der Laber. Unser Ziel heute ist aber der Kolben zur Linken.

Als Startpunkt wählen wir gleich den ersten Parkplatz unmittelbar an der Talstation des Sesselliftes. Sollte er belegt sein, gibt es dahinter noch drei weitere Parkplätze für insgesamt 600 Autos. Engpässe sind hier also nicht zu erwarten. Der Parkplatz ist beim Kauf eines Tagespasses kostenlos. Direkt unterhalb des Lifthauses befindet sich eine praktische Umkleide- und Rucksack-Aufbewahrungshütte.

Oberammergau 6 + 7

Oberammergau

Unterammergau

Garmisch

Grainau

Mittenwald

Walchensee

Lenggries

Tegernsee

Die Pisten

Der Kolben

Der **Doppelsessellift am Kolben** (A) führt bis ganz nach oben zum Kolbensattel auf 1.270 m. Das sind immerhin 420 Höhenmeter.

Es ist noch frühmorgens und unser erster Tag hier in Oberammergau. Um uns erst einmal langsam an den Schnee heranzutasten starten wir nicht gleich mit dem langen Sessellift, sondern nehmen erst einmal den deutlich kürzeren **Kolbenschlepplift I** (B).

An der Bergstation des Schleppliftes steigen wir nach links aus und folgen der von oben kommenden blauen Piste ❶ in sanften Schwüngen hinunter zur Talstation. Diese linksseitige Piste ist wesentlich breiter und „hellblauer" als die ❷ rechts vom Lift.

Wieder an der Talstation fühlen wir uns fit für die lange Abfahrt und schweben mit dem Doppelsessel hinauf zur Kolbensattelhütte. Hier startet die blaue ❶, deren unteren Part wir ja bereits kennen. Sie windet sich mit schöner Aussicht hinunter durch den Winterwald. Gegenüber strahlt der Laber in der Sonne,

Gebietsinfo	
Land:	Deutschland
Anfahrt:	A95, B2, B23
Höhenlage:	850 - 1.270 / 1.684 m
Charakter:	Familienfreundliches Anfängerskigebiet und rassige Freeridepiste
Lifte:	10 Lifte, 12 km
Beste Zeit:	Januar - März
Pisten:	■ ■ ■ ■ ■ ■ ■ ▫ ▫ ▫
Liftanlagen:	■ ■ ■ ■ ■ ■ ■ ▫ ▫ ▫
Hütten:	■ ■ ■ ■ ■ ■ ■ ▫ ▫ ▫
Wohlfühlfaktor:	■ ■ ■ ■ ■ ■ ■ ■ ■ ▫

links blicken wir gen Westen nach Unterammergau und rechts erhebt sich spitz und steil der felsige Kofel. Ab Anfang Februar steht die Sonne hoch genug, um über die Oberammergauer Berge fast ganz auf unsere Talabfahrt zu scheinen. Sorgen wegen der Schneesicherheit müssen wir uns dennoch keine machen: Im Kolbengebiet werden 80% aller Pisten

Kolbenabfahrt kurz vor dem Abzweig zur Piste ❶

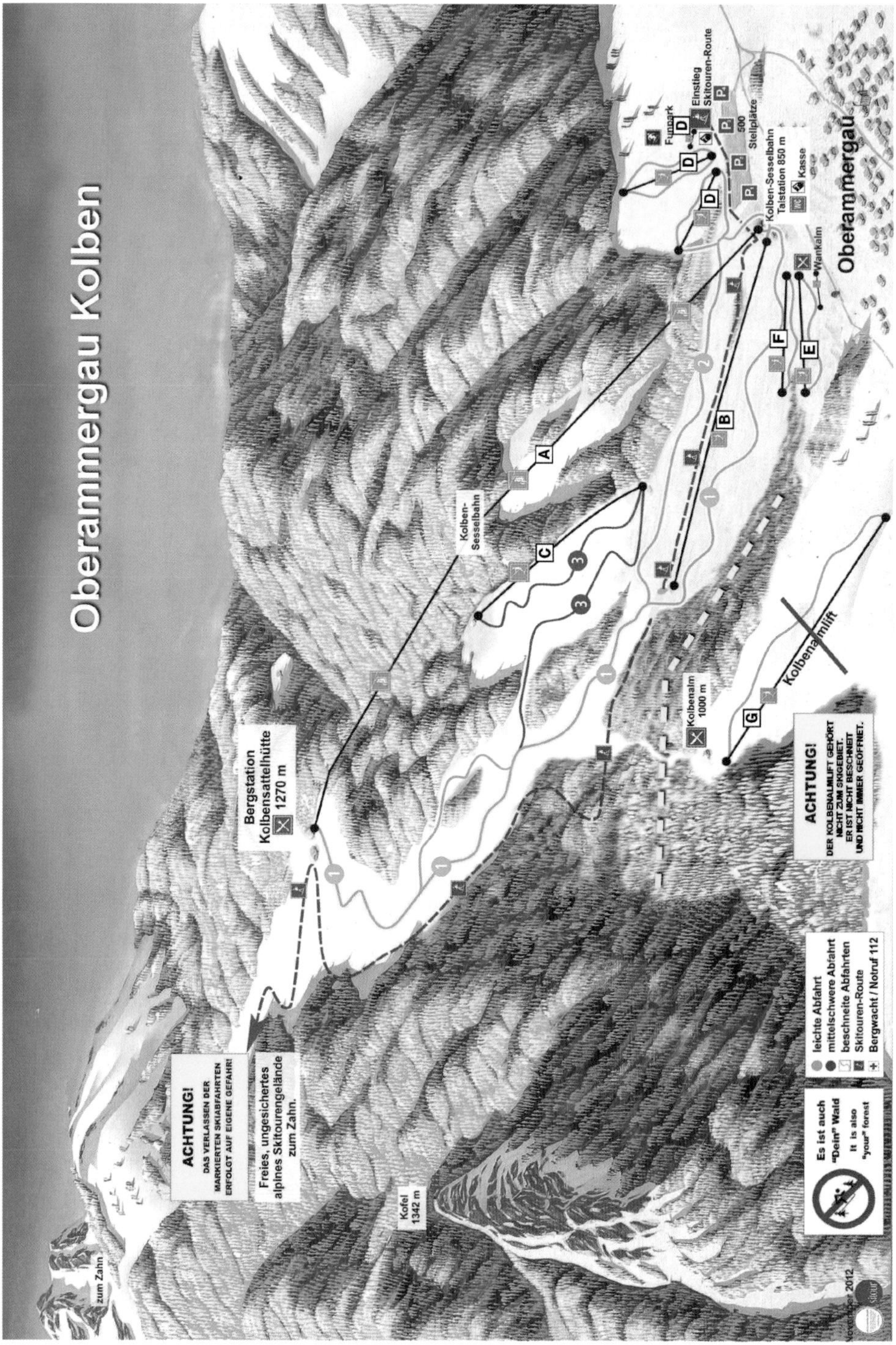

Oberammergau Kolben

Einstieg
Skitouren-Route

Funpark

Kolben-Sesselbahn
Steilplätze
Talstation 850 m
500

Kasse

Oberammergau

Wankalm

F
E

B
A

C

Kolben-
Sesselbahn

3
3
3

Bergstation
Kolbensattelhütte
1270 m

Kofel
1342 m

Kolbenalm
1000 m

G

Kolbentaflift

ACHTUNG!
DER KOLBENALMLIFT GEHÖRT
NICHT ZUM VERBUND,
ER IST NICHT BESCHNEIT
UND NICHT IMMER GEÖFFNET.

ACHTUNG!
DAS VERLASSEN DER
MARKIERTEN SKIABFAHRTEN
ERFOLGT AUF EIGENE GEFAHR.

Freies, ungesichertes
alpines Skitourengelände
zum Zahn.

zum Zahn

Es ist auch
"Dein" Wald
It is also
"your" forest

● leichte Abfahrt
● mittelschwere Abfahrt
● beschneite Abfahrten
  Skitouren-Route
✛ Bergwacht / Notruf 112

48

beschneit. Die Talabfahrt natürlich auch.

Wir folgen der blauen Einser, wobei wir uns stets rechts halten. Den linken Wegabzweig im oberen Drittel heben wir uns für später auf. Er bietet eine nette Alternativroute, die sich ebenfalls sehr schön schwingen lässt.

Kurz nachdem beide Pisten wieder zusammengekommen sind, gabelt sich die Abfahrt erneut: Links zweigt die rote Piste **❸** ab, die zum **Schlepplift Kolben II** (C) hinüber und dann an diesem entlang läuft. Sie ist die einzige rote Piste im Skigebiet. Der Hang ist leicht schräg und wellig, nicht zu anspruchsvoll, gerade ideal zum Carven für Fortgeschrittene.

Wir zweigen diesmal nicht ab, sondern bleiben geradeaus auf unserer **❶** und kommen bald zur uns schon bekannten Bergstation des Kolben I Schleppliftes. Diesmal schwingen wir linksseitig des Liftes auf der etwas schmäleren dunkelblaueren Piste **❷** hinunter ins Tal.

Auf der Hauptabfahrt kurz nach dem Abzweig zum Kolben II Lift führt rechts ein schmaler nicht präparierter Ziehweg in den Wald hinein. Er bringt uns an der Kolbenalm vorbei zum **Kolbenalm-Schlepplift** (G).

Der Kolbenalm-Schlepplift und die Kolbenalm sind in Privatbesitz und gehören nicht zum Skigebiet. Die Piste ist nicht beschneit und auch schon seit zwei Jahren nicht mehr geöffnet gewesen. Leider. Über einen weiteren Ziehweg kommt man wieder zurück ins Skigebiet.

Im Bereich der Talstation gibt es außerdem einige kürzere Übungslifte, die perfekt sind für kleine Kinder und Anfänger: Etwa 100 m links findet man bei der Wankalm die beiden **Schnitzlerwieslifte I + II** (E) und den **Altweglift** (F).

Und rechts von der Talstation, erreichbar über eine Abzweigung auf

der Piste **❷**, liegen noch die drei **Wanklifte** (D), die wir regelmäßig am frühen Nachmittag ansteuern. Der kurze Seillift ist perfekt für Familien mit Kindern zum Herantasten. Er ist bequem nah am Parkplatz gelegen. Am längeren zweiten Lift befindet sich der Funpark, auf den sich meine beiden Kids schon den ganzen Vormittag freuen. Er trägt seinen Namen absolut zu Recht: Zwei große Schanzen, reichlich weiteres Spielzeug.

Der Laber

Gegenüber des Kolben steigt steil der Laber an. Seine kleine Gondelbahn eröffnet Freestylern und Adrenalin-Junkies rabenschwarzen Abfahrtsgenuss. Der berüchtigte und nicht präparierte Nordhang ist mit 42° Gefälle einer der steilsten Pisten am nördlichen Alpenrand und definitiv nichts für Anfänger oder kleine Kinder - wohl aber ein echtes Sahnestück, wenn Papa oder Mama sich an einem schönen Vormittag mal so richtig austoben möchte. Besonders

Die Kapazität des romantischen Kolbensesselliftes ist nicht sehr hoch. Sollte es hier am Wochenende einmal zu Wartezeiten kommen, kann man auf die Kolbenschifflifte I + II ausweichen.

Oberammergau

Unterammergau

Garmisch

Grainau

Mittenwald

Walchensee

Lenggries

Tegernsee

nach Neuschneefällen ist die über 3 km lange Abfahrt, die nur im unteren Teil präpariert wird ein echtes Schmankerl. Und die geringe Förderleistung von nur 120 Personen stündlich trägt dazu bei, dass der Pulverschnee nicht schon nach einer Stunde abgefahren ist. Wartezeiten sind trotzdem nicht zu erwarten: Der Laber ist noch ein echter Geheimtipp.

Die im Pistenplan eingezeichnete Skiroute über die Soila-Alm wird von Skitourengängern gerne zum Aufstieg benutzt. Aber Achtung: Sie wird nicht kontrolliert und erfordert in jedem Fall volle Lawinenausrüstung.

Die Einkehrmöglichkeiten

Am Nachmittag parken wir unsere Snowboard-Kids im Funpark und gönnen uns ein Weißbier auf der wunderschön gelegenen **Kolbensattelhütte**, die im Sommer 2013 komplett renoviert worden ist. Dort sitzen wir in der Sonne und blicken hoch in Richtung Zahn (1.611 m) einigen Skitourengängern hinterher, die sich hier langsam bergan schrauben. Der ausgewiesene Aufstieg zum Zahn beginnt direkt an der Talstation und führt durch den Wald an der Bergstation vorbei zum Gipfel. Ab der Bergstation ist es eine echte Skitour,

die nur von geübten Skitourengängern mit kompletter Lawinenausrüstung begangen werden sollte. Gerüchteweise soll hier in den nächsten Jahren ein weiterer Lift entstehen. Das würde das Skigebiet enorm aufwerten.

Abseits und gut versteckt können wir auch auf der heimeligen **Kolbenalm** rasten.

Am Wank II-Lift unterhalb des Funparks gibt es zudem einen **Imbiss-Stand** für den kleinen Hunger zwischendurch.

Der **Selbstversorgerraum an der Talstation** des Sesselliftes wird vor allem von Skiclubs genutzt, die das Gebiet häufig am Wochenende ansteuern.

Und schließlich lockt der köstliche Duft von Pizza und Pasta zur **Wankalm** unterhalb der Schnitzlerwieslifte - für Tagesausflügler ideal gelegen, um sich vor der Heimfahrt noch einmal zu stärken.

Am Laber bietet das **Laberhaus** an der Bergstation nicht nur eine große Sonnenterrasse mit phantastischem Ausblick sondern auch schmackhafte bayerische Küche.

Rechts: Kolbenabfahrt mit Skitourenspur. Dienstag bis Donnerstag hat die Kolbensattelhütte für Tourengänger bis 23 Uhr geöffnet.

Oberammergau

Unterammergau

Garmisch

Grainau

Mittenwald

Walchensee

Lenggries

Tegernsee

Alles auf einen Blick

Skigebiet und Winteraktivitäten

 0/1　 1/0　 6/0　 2/0　 Pisten: ● = 7,7 km, ● = 0,8 km, ● = 3,5 km

Die Gondelbahn und die schwarze Piste gehören zum Laber. Die restlichen Lifte und Pisten befinden sich am Kolben.

Kolben: Tageskarte Erw. 30 Euro, Kinder 19 Euro, inkl. 3 Stunden Erlebnisbad Wellenberg. ⊕ www.kolbensattel.de ☎ +49.8822.4760. Schneetelefon: ☎ +49.8822.935126

Laber: Tageskarte Erw. 28,50 Euro, Kinder 15 Euro, Halbtageskarte Erw. 20 Euro. ⊕ www.laberbergbahn.de ☎ +49.8822.4770

Skilanglauf: Insgesamt 13 miteinander verbundene Rundkurse bieten über 100 km gespurte Loipen quer durchs Ammertal von Bad Bayersoien im Norden bis Schloss Linderhof im Süden. Fast alle sind neben der klassischen Spur auch für Skating präpariert und komplett kostenlos. Übersichtsplan und weitere Infos, vgl. Seite 45.

Skitour: Zur Kolbensattelhütte gibt es eine beschilderte Skitourenroute (400 Hm), die sich sehr gut für Einsteiger eignet. Weiter hoch zum Zahn wird volle Lawinenausrüstung benötigt.

Winterwanderwege: In den Ammergauer Alpen stehen rund 70 km geräumte Wege für Winterwanderungen zur Verfügung. Sehr nett ist der Altherrenweg über den Berggasthof Romanshöhe nach Unterammergau oder der Weg vom Kloster Ettal durch das Weidmoos bis zur Bärenhöhle.

Unterkunft

Die Zimmer und Suiten im **Hotel Böld**★★★★ sind modern eingerichtet mit Echholzböden und Fußbodenheizung in den Bädern. Das individuell geführte Familienhotel verfügt zudem über einen großen Saunabereich mit Dampfbad, finnischer Sauna, Biosauna, Badezober und Ruheraum. Im Hotel Böld versucht man seinen Gästen jeden Wunsch zu erfüllen und stellt auch gerne ein individuelles Ausflugsprogramm zusammen zu den Königs-schlössern, der Wieskirche oder Kloster

Ettal. Außerdem finden im Hotel selbst oft Lesungen oder Musikabende. ÜmF und 4 Gang Abend Essen im DZ ab 99,50 Euro. Kinder bis 6 J. kostenfrei. Zustellbett 36 Euro ⌂ König-Ludwig-Str. 10, 82487 Oberammergau ☎ +49.8822.9120 ⊕ www.hotel-boeld.de

Im Hotel Böld erhalten Sie kostenfrei die KönigsCard, die über 250 zusätzliche Leistungen beinhaltet wie beispielsweise 1x Berg- und Talfahrt täglich am Kolben und Laber, 3 Stunden täglich Erlebnisbad Wellenberg, Schnupperskikurse oder Ausleihe von Skiern 1x pro Aufenthalt, vgl. Seite 10.

Restaurants

In der **Pizzeria Al Castagno** kann man ganz hervorragende Pizzas essen - und man kann sie sich gegebenenfalls sogar liefern lassen. ⌂ Steinbachergasse 4, 82487 Oberammergau ☎ +49.8822.201456 ⊕ www.alcastagno-oberammergau.de

Alles auf einen Blick

Talort

Oberammergau ist eine Gemeinde im oberbayerischen Landkreis Garmisch-Partenkirchen mit rund 5.125 Einwohnern. Bekannt ist Oberammergau vor allem durch die alle zehn Jahre stattfindenden Passionsspiele, die zuletzt im Jahr 2010 aufgeführt wurden. Es gibt zwei Apotheken, diverse Geschäfte und Supermärkte und einen Bahnhof (Ammergaubahn).

Tourist-Info

Tourist Information Oberammergau: ⌂ Eugen-Papst-Straße 9a, 82487 Oberammergau ☎ +49.8822.922740 ⊕ www.ammergauer-alpen.de/oberammergau ✉ info@oberammergau.de

Skiverleih

Das **Sporthaus Mühlstrasser** verleiht Ski-, Langlauf- und Skating- sowie Skitourenausrüstung, Schneeschuhe und Schlitten im Ortszentrum und auch direkt an der Talstation. ⌂ Theaterstrasse 2 ☎ +49.8822.93044 ⊕ www.sport-muehlstrasser.de/skiverleih.

Skischule

Die **Skischule Ammertal** neben der Wankalm bietet Kurse für alle Leistungsstufen an, sowie Zwergerlkurse (s.u.). ☎ +49.8822.4499 ⊕ www.skischule-ammertal.de

Familien mit Kindern

Abseits von Skilift und Pistenbereich werden alle **Skizwergerl** ab 4 J. von der Skischule Ammertal in einem eigenen Kinderskigelände von ausgebildeten Skilehrern betreut und unterrichtet.

Die **Jugendherberge Oberammergau** erstrahlt nach umfassenden Umbau- und Renovierungsarbeiten in neuem Glanz. Besonderes Highlight sind 4 geräumige Premium-Zimmer für Familien mit Dusche/WC und Balkon. Insgesamt verfügen 18 Zimmer über eigene Dusche und WC. Reichhaltiges Frühstücksbuffet. ÜmF für Familien 17,20 Euro, Kinder bis 6 J. kostenlos, sonstige Erw. 22,90 Euro, Mitgliedschaft vorausgesetzt. HP-Zuschlag 6 Euro. Lunchpaket 4,20 Euro. ⌂ Malensteinweg 10, 82487 Oberammergau ☎ +49.8822.4114 ⊕ oberammergau.jugendherberge.de

Die nächste **Kinderärztin** hat ihre Praxis in Garmisch-Partenkirchen: Dr. med. Helga Lotz-Neumcke. ⌂ Kankerweg 2, 82467 Garmisch-Partenkirchen ☎ +49.8821.908752. Der Allgemeinmediziner Dr. med. Christian Beck kümmert sich vor Ort um Kleinen. ⌂ Othmar-Weis-Straße 5, 82487 Oberammergau ☎ +49.8822.4244.

Extra-Tipp

Seit dem Sommer 2013 gibt es am Kolben etwas ganz Besonderes: den **Alpine Coaster**. Ich habe ihn Anfang August zusammen mit meinen Kids getestet und wir waren hellauf begeistert!

Auf einer Länge von etwas über 2,5 km und einer Höhendifferenz von 400 m braust man mit bis zu 40 km/h durch einen Tunnel, einen Kreisel, neun Jumps, sieben Wellen und 73 Kurven - die allesamt absolut süchtig machen.

Oberammergau

Unterammergau

Garmisch

Grainau

Mittenwald

Walchensee

Lenggries

Tegernsee

Der Steckenberg – Skivergnügen ohne Wartezeiten

Was mich so sicher macht, dass dieses Skigebiet ein Geheimtipp ist? Wochenende, ein Meter Neuschnee, bestes Skiwetter – und dennoch keinerlei Wartezeiten! Außerdem zeigt sich das Skigebiet preiswert, familienfreundlich und abwechslungsreich.

Unter Skibegeisterten häufig komplett unbekannt punktet das Skigebiet Unterammergau mit einer grandiosen Aussicht, schönen Pisten und viel Abwechslung. Während Seil- und Tellerlifte für Anfänger und Kinder bereitstehen, kommen auch richtige Könner hier auf ihre Kosten. Und es gibt sogar eine abgetrennte „Rennstrecke", die von kleineren Skiclubs gerne als Trainingsgelände genutzt wird.

Davon einmal abgesehen herrscht gähnende Leere auf den Pisten – das Gebiet ist ein echter Geheimtipp!

Der Startpunkt

Wir stellen unser Auto auf dem Hauptparkplatz an der Steckenberg Alm ab, wo sich auch Skischule, Skiverleih, Skidepot und Skiservice befinden. Alternativ kann man der Straße noch ein Stückchen weiter folgen und neben dem Restaurant Schleifmühle bei den beiden kleinen Seil-Anfängerliften parken. Oder am Schartenlift. Parkmöglichkeiten gibt es ausreichend.

Die Pisten

Wir aber starten, wie gesagt, vom zentralen Hauptparkplatz. Hier beginnen drei Lifte unterschiedlicher Länge: zwei anfängerfreundliche und namenlose Tellerlifte (A + B) und der **Steckenberglift I** (C), auf den mein Sohnemann sofort zielsicher zusteuert.

Ich plädiere aber für ein paar lockere Schwünge an den Tellerliften zum Warmfahren. Als Kompromiss einigen wir uns auf den längeren Tellerlift und genießen den schönen, sanften Hang der blauen Piste ⑨, die beiden Liften gemeinsam ist.

Dann lassen wir uns vom **Steckenberglift I** (C) nach oben ziehen. Er ist 500 m lang und zeigt sich oben etwas steiler. Wir steigen nach rechts aus und freuen uns darauf, den breiten roten Hang hinabzucarven ❶.

Weiter unten läuft der Hang ins Flache aus, wo uns zwei Bodenwellen bei vollem Schwung leicht abheben lassen.

Nun zieht es uns in höhere Gefilde. Wieder oben an der Bergstation des Steckenberglifts I durchqueren wir einen kurzen Tunnel zum Schlepplift **Steckenberg II** (D), der nochmals 400 m lang ist.

Die Aussicht von ganz oben auf das Hörnle bei Bad Kohlgrub, hinüber zum Oberammergauer Kofel und auf die steilen Wände des Teufelstättkopfes über dem **Schartenlift** (E) ist grandios und wir verharren einen Moment ganz andächtig.

Dann müssen wir uns entscheiden. Wir haben zwei Möglichkeiten: das schwarze Kanonenrohr ❸ oder die rote Hababfahrt ❹.

Gebietsinfo	
Land:	Deutschland
Anfahrt:	A95, B2, B23
Höhenlage:	860 - 1.100 m
Charakter:	Preiswertes Familien- skigebiet mit (auch) anspruchsvollen Pisten
Lifte:	7 Lifte, 8 km
Beste Zeit:	Januar - März
Pisten:	■ ■ ■ ■ ■ ■ ■ ■ ■ ▥
Liftanlagen:	■ ■ ■ ■ ■ ■ ▥ ▥ ▥
Hütten:	■ ■ ■ ■ ■ ▥ ▥ ▥ ▥
Wohlfühlfaktor:	■ ■ ■ ■ ■ ■ ■ ■ ■ ▥

Die natürliche Halfpipe des Kanonenrohres sieht schon ziemlich beeindruckend aus. Meine achtjährige Tochter schluckt, schaut dann in Richtung der sanft beginnenden roten Piste und schließlich mich ganz großen Augen an, die unmissverständlich signalisieren, wo sie als nächstes fahren beziehungsweise NICHT fahren möchte.

Steckenberg I - Abfahrt mit der abgetrennten Rennstrecke links

Die rote Hababfahrt ❹ ist mit ihren 1.600 m die längste in Unterammergau. Sie beginnt mit einem kurzen Ziehweg, dann bringt uns eine 90-Grad-Kurve in das Reich der Träume. Ein wunderschöner Hang, eingebettet in den Tannenwald, breit und rot, ideal für ein Dutzend zügiger Kurven in maximaler Schräglage. Kurz

eine schmale, sehr steile Schneise hinab ❷. Wir halten uns jedoch links, bleiben im Kanonenrohr und kommen schließlich in den etwas gemäßigteren Hang der uns schon bekannten roten Steckenbergabfahrt ❶. Auf ihr schwingen wir hinunter zur Talstation.

Immer noch keine Wartezeiten, also direkt

Das Kanonenrohr

danach mündet von rechts die Verbindung vom Kanonenrohr. Weiter geht es auf vereinter Piste, die langsam flacher wird. Wir passieren die Abzweigung zum Schartenlift und fahren weiter, vorbei an der Schleifmühle und den beiden **Übungsliften** (G + F). Wieder an der Talstation des Steckenberg I liften wir nochmals beide Sektionen ganz nach oben.

Diesmal nimmt auch meine Tochter ihren ganzen Mut zusammen und stürzt sich in die Halfpipe des Kanonenrohrs ❸, die mein Sohn bereits lautstark juchzend in vollen Zügen genießt.

Schon nach dem ersten Hang kann man nochmal eins drauflegen. Wenn man hier geradeaus bleibt, wird es noch schwärzer und schmäler: Direkt neben der Lifttrasse führt

wieder hoch. Auch meine Tochter ist das Kanonenrohr prima hinuntergekommen und steuert nun oben sofort wieder in diese Richtung, als ob es das Selbstverständlichste der Welt wäre.

Diesmal nehmen wir jedoch nach dem ersten Steilstück den linken Abzweig, der uns durch den Zwackgraben ❺ wieder zur roten Hababfahrt hinüberführt, die wir schon vorhin heruntergekommen sind. Ihr folgen wir bis links die rote Verbindungspiste ⓫ abzweigt, die uns zum **Schartenlift** (F) bringt.

Während am Steckenberg mittlerweile die meisten Pisten künstlich beschneit sind, bietet der Schartenlift noch Naturschnee. Der Lift ist 850 m lang, überwindet dabei 280 hm und liegt fast ganztägig in der Sonne. Zwei rote Pisten haben wir zur Auswahl, die sich auf beiden Seiten durch den Wald schlängeln. Die Schartenabfahrt ❼ links ist beim Hochfahren gut einzusehen und schön breit: ein weiterer perfekter Carvinghang. Nach etwa zwei Dritteln führt ein Verbindungsweg ⑫ zurück zum Steckenberg.

Die Wendlingabfahrt ❻ auf der rechten Seite des Schartenliftes beginnt mit einem kurzen Ziehweg. Anschließend ist der Hang leicht schräg und führt wieder zum Lift zurück. Hier ist die Piste wellig und meine Kids nutzen jede einzelne Welle für einen kleinen Hüpfer. Das untere Drittel ist einfach nur schön, herrlich für große Schwünge.

Und wer noch einen Herzklopfer sucht, kann ab halber Höhe von beiden roten Pisten kommend in die enge Spur der schwarzen Schartenabfahrt II ❽ einfahren. Sie läuft direkt neben der Liftspur entlang, ist schmal und durchaus anspruchsvoll, wenn auch nicht ganz dem Kanonenrohr vergleichbar.

Bleiben noch die beiden kurzen **Seil-Anfängerlifte** (E), die ich vorhin schon erwähnt habe. Sie sind in Park- und Rastplatznähe bestens platziert und mit ihrer sanften blauen Piste ❿ perfekt für die ganz Kleinen. Die Hinweisschilder „Anfängerparadies" versprechen in der Tat nicht zu viel.

Die Einkehrmöglichkeiten

Zentraler Anlaufpunkt für eine Rast ist die **Steckenberg Alm** an der Talstation des Steckenberglifts I. Sie bietet gute bayerische Küche zu fairen Preisen. Und das schon sehr, sehr lange: Genau hier habe ich das erste Mal im zarten Alter von drei Jahren auf Skiern gestanden. Mein Sohn verdreht schon die Augen, wenn ich das mit nostalgisch verklärtem Blick jedes Mal wieder erzähle, wenn wir hier sind. Den extrem leckeren Kaiserschmarrn lässt er sich trotzdem schmecken.

Wer Party sucht, findet sie nebenan an der **Schneebar**.

Ruhig und wunderbar urig ist das Restaurant **Schleifmühle**. Es ist im Auslauf der Hababfahrt gelegen, etwas oberhalb des Anfängerparadieses. In diesem Schmuckstück erhält man kunstvolle Speisen in heimeliger Atmosphäre. Gleich nebenan steht das Museum zur Schleifmühle.

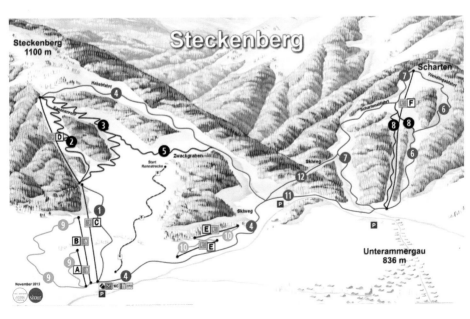

Alles auf einen Blick

Skigebiet und Winteraktivitäten

 5 2   Pisten: ● = 1 km, ● = 5,5 km, ● = 1,5 km

Tageskarte Erw. 19,50 Euro, Kinder 14 Euro. Kinder unter 6 J. fahren in Begleitung eines Erw kostenlos (1 Kind pro Erw). Am Mittwoch und Freitag kann man von 19 - 21:30 Uhr Nachtschifahren: Abendkarte Erw. 14 Euro, Kinder 10 Euro. Für einen Aufpreis von Erw. 4,50 Euro, Kinder 2,50 Euro bekommt man zusätzlich 3 Stunden im Erlebnisbad Wellenberg. ⊕ www.steckenberg.de ☎ +49.8822.4027. Schneetelefon: ☎ +49.8822.935126.

Skilanglauf: Insgesamt 13 miteinander verbundene Rundkurse bieten über 100 km gespurte Loipen quer durchs Ammertal von Bad Bayersoien im Norden bis Schloss Linderhof im Süden. Fast alle sind neben der klassischen Spur auch für Skating präpariert und komplett kostenlos. Übersichtsplan und weitere Infos, vgl. Seite 45.

Winterwanderwege: In den Ammergauer Alpen stehen rund 70 km geräumte Wege für Winterwanderungen zur Verfügung. Besonders empfehlenswert ist eine Wanderung durch die Schleifmühlenklamm oder durch das Naturschutzgebiet Pulvermoos nach Oberammergau.

Unterkunft

Im Herbst 2019 öffnete das **Boutique Hotel LARTOR** seine Pforten. Im Hotel treffen hochwertige Beton- und Glaskonstruktionen auf Naturhölzer. Alles ist mit viel Liebe zum Detail gestaltet, wobei besonderer Wert auf Gemütlichkeit gelegt wurde. Außerdem gehören ein Feinschmeckerrestaurant und eine Kunsthalle mit wechselnden Ausstellungen zum Ensemble. Mit seinen Kupferdächern und der Holzverschalung greift es die klassische Bauweise der Ammergauer Alpen auf und fügt sich optisch fließend

ins Landschaftsbild ein. Kleiner Spa-Bereich. WLAN kostenfrei. ÜmF im DZ ab 129 Euro. ⌂ Weiherweg 34-36, 82497 Unterammergau ☎ +49.8822.939910 ⊕ www.lartor.de

Restaurants

Im frisch renovierten und neu eröffneten **Gasthof Stern** trifft traditionsbewusste Verantwortung auf typisch bayerische Gastfreundschaft. In der kreativen Küche werden bayrisch regionale Gerichte mit mediteranem Flair neu interpretiert. Sehr leckere große Portionen zu fairen Preisen. ⌂ Pürschlingstraße 16, 82497 Unterammergau ⊕ www.gasthofstern-ratscherwirt.de.

Talort

Die Gemeinde Unterammergau liegt inmitten des Naturschutzgebiets Ammergauer Alpen und hat 1.500 Einwohner. Für den täglichen Bedarf warten kleine Bäckereien und Gemüsehändler. Größere Geschäfte gibt es im nahegelegenen Oberammergau (5 km). Unterammergau hat eine eigene Bahnstation (Ammergaubahn).

Alles auf einen Blick

Tourist-Info

Touristinformation Unterammergau: ⌂ Dorfstr. 23, 82497 Unterammergau ☎ +49.8822.6400 ⊕ www.ammergauer-alpen.de/unterammergau ✉ info@unterammergau.de

Skiverleih

Direkt an der **Talstation des Steckenberglifts** gibt es einen Skiverleih. ⌂ Liftweg 1, 82497 Unterammergau ☎ +49.8822.4027 ⊕ www.steckenberg.de/winter/skizentrum#skiverleih

Skischule

Hier sitzt auch die **Skischule Snow & Fun**. Sie bietet Ski- und Snowboardkurse für alle Leistungsklassen vom Anfänger bis zum Freerider an. Bei Buchung eines Kurses gibt es 20% Rabatt auf die Leihausrüstung. ☎ +49. 8822.216824 ⊕ www.skisnow-fun.de

Familien mit Kindern

Die Skischule Snow & Fun vermittelt unseren **Skizwergerln** ab 4 Jahren in speziell auf sie abgestimmten Kursen die Freude am Schnee.

Im **Gasthof Stern** befinden sich im Obergeschoss vier moderne, voll ausgestattete Ferienwohnungen. Königscard inkl. Ab 85 Euro/Nacht bei 2 Pers, je Kind ab 6 J. 18 Euro, max. 2 Kinder. Mindestens 5 Nächte. ⌂ Pürschlingstraße 16, 82497 Unterammergau ☎ +49.151.67788849 ⊕ www.ferienwohnungen-unterammergau.de

Der Forstweg von Unterammergau zum Pürschlinghaus wird im Winter kurzerhand zu einer **Rodelbahn** umfunktioniert. Der Aufstieg ist 9 km lang und hat knapp 700 hm (3 Stunden). Die ganzjährig bewirtschaftete Hütte lockt mit leckerem Kaiserschmarrn.

Die nächste **Kinderärztin** hat ihre Praxis in Garmisch-Partenkirchen: Dr. med. Helga Lotz-Neumcke, ⌂ Kankerweg 2, 82467 Garmisch-Partenkirchen ☎ +49.8821.908752. Bei der Allgemeinmedizinerin Dr. Julia Albert sind die Kleinen aber auch bestens aufgehoben. ⌂ Dorfstraße 29, 82497 Unterammergau ☎ +49.8822.7255

Extra-Tipp

Sehr lohnend ist ein Ausflug zum **Kloster Ettal**. Die Basilika des Benediktiner-Klosters ist in den Wintermonaten von 8.00 bis 18.00 Uhr geöffnet. Auf Anfrage gibt es Führungen, auch durch das Brauereimuseum und die Destillerie (inklusive Likörprobe). Danach kann man sich im Klosterhotel stärken. ⊕ abtei.kloster-ettal.de

Nur wenige Meter entfernt befindet sich die **Schaukäserei Ettal**. In einer liebevoll ausgearbeiteten Präsentation erfährt man alles zur Entstehung von Käse- und Milchprodukten sowie über die Zusammenhänge zwischen Naturschutz, Landwirtschaft und Lebensmittelherstellung. In jeder Präsentation werden verschiedene eigenproduzierte Käse zum Probieren angeboten, die im Preis von 1,50 Euro inbegriffen sind. Kinder bis 14 Jahren sind frei. ⊕ www.schaukaeserei-ettal.de

Garmisch

Die Alpspitze – Ganz klassisch

Natürlich ist dies nicht wirklich ein Insider-Tipp. Aber das Skigebiet „Garmisch-Classic" an der Alpspitze ist extrem vielseitig, gut zu erreichen und vor allem auch für Genussskifahrer und Familien sehr gut geeignet ist: riesige Partypilze und Pisten-Dauerbeschallung sucht man hier vergeblich. Der sportliche Aspekt steht eindeutig im Vordergrund. Trotz seiner Größe hat sich das Garmischer Skigebiet seinen ursprünglichen Charme bewahrt.

Garmisch-Partenkirchen ist von Bergen umgeben, aber kein typischer Skiort. Ein klassisches Aprés-Treiben gibt es hier nicht. Die Jugend trifft sich im McDonalds, die älteren in der Pizzeria Renzo.

Es ist zwar wirklich sehr schade, dass in Garmisch 2022 nun doch kein Olympia stattfinden wird. Aber zumindest bleibt der Ort damit so sympathisch und ursprünglich wie er ist.

Neben dem großen Skigebiet an der Alpspitze gibt es noch zwei weitere Seilbahnen: die Wank- und die Eckbauerbahn. Die Wankbahn ist im Winter nur mehr während der bayerischen Schulferien geöffnet und bietet dann eine schöne, nicht zu steile Freeridepiste. Die Eckbauerbahn befördert nur noch Rodler.

Das Skigebiet rund um die Garmischer Alpspitze ist wohl das abwechslungsreichste und schönste Skigebiet in Deutschland. Besonders die Talabfahrten sind ausgesprochen reizvoll. Einsteiger tummeln sich am Hausberg, während Fortgeschrittene sämtliche Varianten um die Kandahar hinunterbrausen. Da Garmisch weit über die Grenzen Bayerns hinaus bekannt ist, geht es dort leider oft sehr lebhaft zu.

Durch geschicktes „strategisch-antizyklisches Lifthopping" lässt sich dem Trubel aber recht gut ausweichen.

Rechts: Blick auf die Hochalm, im Hintergrund Kreuzeckhaus und Kreuzalm

Der Startpunkt

In das Garmischer Skigebiet führen aus dem Tal drei große Seilbahnen hinauf: die Hausbergbahn, die Kreuzeckbahn und die Alpspitzbahn. Sie gehen auf den Hausberg, auf das Kreuzeck und... nein, nicht auf die Alpspitze. Die Bahn geht „nur" bis zum Osterfelderkopf, der etwas unterhalb liegt. Dementsprechend hieß die Alpspitzbahn früher auch Osterfelderkopfbahn. Dieser Name war den Betreibern dann wohl aber irgendwann zu umständlich – oder zu unspektakulär.

Die Talstationen von Kreuzeck- und Alpspitzbahn liegen nahe beieinander. Für Autofahrer gibt es hier einen riesigen Parkplatz. Der Parkplatz an der Hausbergbahn ist ähnlich groß.

Anstatt mit dem Auto kann man die Talstationen auch mit dem Bähnli erreichen, das vom Garmischer Bahnhof hier vorbei und weiter bis ganz hinauf auf die Zugspitze fährt.

Skifreaks beginnen mit Alpspitz- oder der Kreuzeckbahn. Familien und Genießer (wir) beginnen unseren Tag am Hausberg.

Die Pisten

Die **Hausbergbahn** (I) befördert uns rasend schnell 600 hm nach oben. Oben lassen wir

erst einmal die schöne Aussicht auf uns wirken: Nach Südwesten erheben sich majestätisch die Alpspitze und das Zugspitzmassiv,

Gebietsinfo	
Land:	Deutschland
Anfahrt:	A95, B2
Höhenlage:	720 m - 2050 m
Charakter:	Abwechslungsreiches Skigebiet mit vorwiegend anspruchsvolleren Pisten
Lifte:	18 Lifte, 40 km
Beste Zeit:	Dezember - März
Pisten:	■■■■■■■■■
Liftanlagen:	■■■■■■■■■
Hütten:	■■■■■■■■■
Wohlfühlfaktor:	■■■■■■■■■ ▦

teilweise durch das Kreuzjoch verdeckt. Nach Osten geht der Blick ins Karwendel in Richtung Mittenwald. Rechts sehen wir den Wank, links den Kramer. Im Einschnitt dazwischen blicken wir über Farchant und Eschenlohe weit hinein ins Voralpenland. Hier ist in der Sonne glitzernd sogar der Starnberger See zu erkennen.

Von der Hausberg-Bergstation aus stehen uns zwei Hauptabfahrten zur Verfügung: Die rote, abschnittsweise sogar deutlich dunkelrote Kochelbergabfahrt ❶ und die schwarze Hornabfahrt ❷. Beide ein Traum für den geübten Skifahrer aber sicher nichts für die erste Abfahrt am ersten Urlaubstag.

Also rutschen wir erst einmal die paar Meter von der Bergstation hinunter zum **Kreuzwankl-Express** (B). Dieser 6er-Hochgeschwindigkeitssessel hat die höchste Beförderungskapazität im gesamten Skigebiet: unglaubliche 2.000 Personen pro Stunde.

Hier befindet sich auch das **Kinderland** mit allem, was ein Kinderherz begehrt. Vom Zauberteppich über einen Skitunnel bis hin zum großen, durchdachten und liebevoll angelegten Wellengelände ist alles vorhanden für

Garmischer Haus und Drehmöser 9

eine spielerische Annäherung ans Skifahren. Sobald die Kleinen mit dem **Baby-Seillift C4** erste Erfahrungen gesammelt haben, können sie sich an die zwei weiteren Übungslifte am **Rimmlermoos** vortasten.

Mit vier Liften ist das hier ein richtig großflächiges Kinderland und die Kinder scheinen alle richtig Spaß zu haben.

Wir indes sausen mit dem Kreuzwankl-Express nach oben und schwingen zum Warmfahren auf der breiten und flachen ❼ am Lift entlang nach unten. Dann an der Talstation des Baby-Seilliftes (C1) vorbei und mit viel Schwung in die eingangs sehr flache hellblaue Bayernabfahrt ❻ zum **Bayernhaus**. Die Hütte bietet eines der schönsten Wettersteinpanoramen überhaupt und ist für jede Mittagsrast ein echter Geheimtipp.

So spät ist es allerdings noch nicht und wir fahren weiter im großen Bogen zurück zur Talstation des **Adamswiesenliftes** (A). Der Schlepplift macht mittendrin eine 90-Grad-Kurve und immer wenn wir ihn fahren, haben meine Kids richtig Spaß dabei. Er ist auch eine sehr gute Alternative, wenn es am späteren Vormittag voller werden sollte. Hier gibt es nie Schlangen.

Der Lift bringt uns zurück zum Kreuzwankl-Express, mit dem wir erneut nach oben sausen. Jetzt wollen wir uns ins Tal wagen. Die alte blaue Standard-Abfahrt gibt es seit einigen Jahren nicht mehr. Sie ist der Umgestaltung des Geländes unterhalb der Alpspitzbahn zum Opfer gefallen. Ein großer Verlust ist das zwar nicht, da sie hauptsächlich aus Umfahrungen und Ziehwegen bestand.

Folge ist aber, dass wir jetzt zumindest eine rote Abfahrt hinunter müssen. Wir wählen die direkte Route: ❽ - ❸ - ❹.

Sie startet mit dem sehr schön breiten Trögelhang ❽, den wir entlang des **Trögelliftes** (E) ganz entspannt hinunterschwingen. Ab seiner der Talstation geht es weiter auf der Skiroute Tonihütten-Standard. Der erste Hang ist anspruchsvoll. Da die Piste eine der wenigen ist, die nicht künstlich beschneit werden, können die Bedingungen hier stark variieren. Von traumhaft flowig über buckelig bis hin zu eisig ist alles möglich. Nach einer scharfen Linkskurve, der sogenannten Bobkurve, ist die eventuell unangenehme Passage vorbei und es wird richtig nett. Wir schwingen auf mittelbreiter Piste ganz alleine durch dichten Wald: Auf dieser Abfahrt fährt praktisch keiner. Nur ein paar Tourengeher kommen uns entgegen.

Hier verläuft auch die offizielle Touren-geherroute. Als die ❸ scharf rechts zum Hausberg abbiegt, bleiben wir geradeaus. Am Abzweig befinden sich direkt nebeneinander die **Riesserkopf-** und die **Tonihütte**, die in ihren insgesamt 122 einfachen Betten und

Die Aussicht ist wirklich beeindruckend und ich muss jedes Mal kräftig schlucken, wenn ich nach unten sehe. Dennoch zieht mich das Gerüst magisch an und gehört zum Pflicht-programm bei jedem Garmischbesuch.
Die Abfahrt von hier zur Hochalm ❶❺ beginnt

Kandahar-Starthang

Lagerplätzen vor allem Jugendgruppen be-herbergen. Ein kurzes Verbindungsstück bringt uns zur Olympia-Abfahrt ❹, der wir ab hier bis zur Talstation der Alpspitzbahn folgen. Auch dieses Stück ist recht sanft, schon mehr blau als rot und lässt sich herrlich schwingen.
Mit der **Alpspitzbahn** (III) schweben wir nun hinauf zum Osterfelderkopf, dem höchsten Punkt des Skigebietes. Hier gibt es seit dem Sommer 2010 den **AlpspiX**, eine Stahl-konstruktion, die rund 20 m oberhalb der Bergstation auf 2080 m in den Berg hineinge-zimmert worden ist. Unter ihren begehbaren, freischwebenden Armen, deren Boden aus durchsichtigem Gitterrost besteht, fällt das Höllental gut 1.000 m tief ab.

mit einem schönen roten Hang entlang des **Osterfelderkopf-Schlepplifts** (L). Kurz vor Ende führt ein Ziehweg rechts weg zu einem schmalen, in den Felsen gesprengten Durch-lass. Hier heißt es, viel Schwung nehmen, um Schieben zu vermeiden. Nach dem Felsein-schnitt folgen ein kurzer Hang und dann ein langes Schussstück, das man wieder mit voller Geschwindigkeit fahren sollte, um an der Bergstation des **Bernadeienliftes** (J1+J2) mit möglichst wenig Schieben vorbeizukommen. Die Bernadeien-Abfahrt ❶❻ ist übrigens ein absolutes Schmankerl, eine der schönsten Pisten im Skigebiet. In perfekter Ästhetik schlängelt sie sich wunderschön am Übergang von Fels zur Baumregion hinab.

An der Hochalm kann man entweder mit der kleinen alten **Hochalm-Gondel** (IV) wieder zum Osterfelderkopf hochliften oder über den sehr flachen Ziehweg ⑲ weiter zum **Längenfeldersessel** (K) weiterfahren. Die obere Sektion dieses Sessels ⑰, bei dem man auf halber Strecke zusteigen kann, und die Piste hinunter zur Hochalm ⑱ sind beide dunkelst rot, insbesondere wenn die Buckel

Bilck auf Kreuzalm, Hexenkesselschneebar und Kreuzeckhaus, rechts der Hexenkessellift

dort schon richtig tief ausgefahren sind. Ein echter Tipp für Buckelfans.

Der kurze Seillift „**Kreuzeckzubringer**" (I) tut dann genau das, was sein Name ankündigt und erspart uns fünf Aufstiegsminuten hoch zur Bergstation der **Kreuzeckbahn** (III).

Unterhalb können wir noch eine kleine Schleife mit dem **Hexenkessel-Sessellift** (H) einlegen, der seinem Namen aber nicht wirklich gerecht wird und bestenfalls hellrot ist ⑪.

Danach fahren wir an der Kreuzalm vorbei und dann in den linken unteren Ziehweg ⑬. Er führt uns flach abfallend durch den Trögeltunnel Richtung Hausberg. Hier NICHT den rechten Ziehweg ⑫ nehmen. Der geht nicht nur die ersten paar Meter bergauf...

Bleiben noch die beiden langen Talabfahrten: die rote Olympia ❹, deren unteren Part wir ja bereits kennen, und die schwarze Kandahar-Abfahrt ❺.

Beide sind beschneit und perfekt präpariert, Buckel oder Steine wird man hier keine finden. Das bringt meistens größten (Carving-)Spaß, kann bisweilen aber auch ins Gegenteil umschlagen: Um den Schnee möglichst lange zu konservieren, ist er gerade auf der Kandahar stellenweise schon regelrecht betoniert.

„Eishang" und „Hölle" tragen ihre Namen nicht zu Unrecht. Aber zumindest den Eishang kann man über die Ramwiesen umfahren (das ist der kleine Schlenker ganz rechts außen in der ❺a).

Die Pistennummerierung entspricht übrigens

der Weltcup-Streckenaufteilung: die **5**a ist die Damen- und die **5**b die Herrenabfahrt. Die Herrenabfahrt startet oben am Kreuzjoch und führt bis ganz hinunter zur Talstation der Alpspitzbahn. Die schnellsten Weltcupfahrer benötigen dafür nur knapp 2 Minuten.

Das spektakulärste Stück ist der "Freie Fall" mit 90% Steigung, der vom Ziel aus einsehbar ist. Im Weltcup wird fast vollständig übersprungen. Wir kämpfen uns mit Herzklopfen hinab - oder bleiben auf der Damenstrecke **5**a.

Die Einkehrmöglichkeiten

Im Skigebiet Garmisch hat man wahrlich die Qual der Wahl: So viele Hütten und Einkehrmöglichkeiten gibt es sonst in kaum einem anderen Skigebiet.

Sehr nett gelegen ist die **Kreuzalm**, etwas unterhalb der Kreuzeckbahnbergstation, dort wo der Ziehweg **13** beginnt. Traumhaft ist der Blick von der Sonnenterrasse aus hinüber zur Alpspitze. Das Essen ist lecker und günstig (unbedingt einmal die Speckknödelsuppe probieren!). Und einen kleinen Kinderspielplatz gibt es auch. Nur ein paar Meter daneben steht ein **Kiosk mit Getränken** und einfacher Verpflegung.

In Sichtweite, direkt unterhalb der Bergstation der Kreuzeckbahn kann man sich bei einem leckeren Jagatee an der **Hexenkesselschneebar** aufwärmen. Bei gutem Wetter sieht man von hier bis München.

Mein persönlicher Favorit an schönen Sonnentagen ist das **Bayernhaus**. Am Hausberg an der Bayernabfahrt **6** gelegen, ist es ein Ort seliger Ruhe mit toller Aussicht und gutem Essen.

Party und Trubel herrscht hingegen rund um das Kinderland oben am Hausberg-Plateau. Der **Drehmöser 9** hat einen urig gestalteten Innenraum, der das Gedränge dämpft.

Direkt daneben befindet sich das **Garmischer Haus**, die öffentliche "Clubhütte" des Skiclub Garmisch mit seinem gelbweißen Pavillon, an dem sich hungrige Kindermägen gut und preiswert füllen lassen.

Etwas versteckt an der Tonihütten-Abfahrt **3** liegt die **Tonihütte** mitten im Wald. Auch hier kann man gut essen.

Das **Restaurant Alpspitz** an der Bergstation der Alpspitzbahn ist ein klassisches Selbstbedienungsrestaurant, wie man es auch aus anderen Skigebieten kennt. Gute, schnelle und nicht zu teure Nahrungsaufnahme. Hauptklientel sind die Spaziergänger, die die 20 hm zur Aussichtsplattform AlpspiX bewältigt haben und sich nun stärken, bevor sie sich in den Liegestühlen auf der Sonnenterrasse erholen. Skifahrer machen eher einen Stopp im Freien am Bar-Pavillon.

Die **Hochalm** neben der Talstation der Hochalmbahn mit ihrer schönen Sonnenterrasse liegt ebenfalls in Reichweite von Nichtskifahrern, die vom Osterfelderkopf per Seilbahn herunterfahren oder von der Kreuzeckbergstation herüberwandern. Dennoch geht es hier meist recht ruhig zu. Gute und preiswerte Küche und ausreichend Platz machen die Alm auch für Skifahrer empfehlenswert, vor allem bei schlechtem Wetter.

Lebhafter ist wieder das **Kreuzeckhaus**, der ockerfarbene Rundbau an der Bergstation der Kreuzeckbahn. Auch hier sind überwiegend Spaziergänger und Ausflügler anzutreffen, die von der Sonnenterrase aus die Aussicht auf das Dreigestirn Zugspitze, Alpspitze und Waxensteine genießen.

An der Kreuzeck-Talstation befindet sich die **Skibar Kandahar 2** mit ausgesprochen leckeren Caféspezialitäten und kleinen Snacks.

Und zwei Schneebars mit etwas Aprés-Musik gibt es schließlich auch noch: die **Kandahar Schneebar**, an der Kreuzeck-Talstation und den **Skistadl** am Hausberg, bei dem an schönen Tagen auch der Holzkohlegrill an ist.

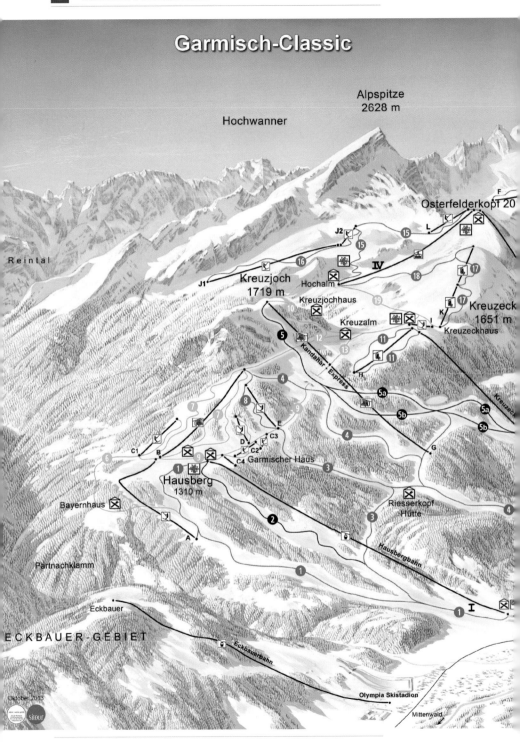

Garmisch-Classic

Alpspitze
2628 m

Hochwanner

Osterfelderkopf 20

Reintal

Kreuzjoch
1719 m

Hochalm

Kreuzjochhaus

Kreuzalm

Kreuzeck
1651 m

Kreuzeckhaus

Kandahar Express

Garmischer Haus

Hausberg
1310 m

Bayernhaus

Riesserkopf
Hütte

Partnachklamm

Hausbergbahn

Eckbauer

ECKBAUER-GEBIET

Eckbauerbahn

Olympia Skistadion

Mittenwald

Oktober 2013

Zugspitze

Zugspitze
2962 m

Zugspitzplatt

VII

VI

Höllental

Waxenstein

Riffelriß

Eibsee-Seilbahn

Bhf.
Eibsee

V

E i b s e e

Grainau
750 m

Alpspitzbahn

Bhf.
Grainau

Ehrwald

Hammersbach

Zugspitzbahn

Kreuzeck / Alpspitze

III

Hausberg

Bahnhof
Zugspitzbahn

Garmisch-Partenkirchen
707 m

Bahnhof DB

Wank 1780 m

München →

Oberammergau

Unterammergau

Garmisch

Grainau

Mittenwald

Walchensee

Lenggries

Tegernsee

Alles auf einen Blick

Skigebiet und Winteraktivitäten

 2   2   4   5  5 Pisten: ● = 7 km, ● = 24 km, ● = 9 km

Tageskarte Erw. 46 Euro, Kinder 24,50 Euro, günstigere Familienkarten. ☎ +49.8821.7970 ⊕ www.zugspitze.de

Skilanglauf: Es gibt 70 km Loipen. Fast alle sind neben der klassischen Spur auch für Skating präpariert. Sie können kostenlos benutzt werden. Besonders attraktiv ist die Nacht Loipe im Kainzenbad beim Olympia-Skistadion, die dienstags und donnerstags von 18 - 21 Uhr beleuchtet ist.

Winterwanderungen: Es gibt in Garmisch ein riesiges Netz an geräumten Winterwanderwegen. Besondere Highlights sind der Kramerplateauweg mit der Wildfütterung nahe der Almhütte oder eine Fackelwanderung durch die vereiste Partnachklamm (☎ +49.8812.59420). Das Tourist-Office bietet jeden Mittwoch kostenlose, geführte Winterwanderungen an.

Skitour: Die (einzige) ausgewiesene und erlaubte Skitourenroute im Garmischer Skigebiet führt von der Hausbergbahntalstation über die Tonihütten-Abfahrt hinauf, am Kreuzeck vorbei und bis zur Hochalm. Sie verläuft größtenteils abseits der Piste auf einer eigens angelegten Spur durch den Wald. Am Dienstag und am Donnerstag ist der Aufstieg auch abends gestattet und die hungrigen Tourengeher treffen sich im Drehmöser 9.

Unterkunft

Reindl´s Partenkirchner Hof***´** besteht aus drei miteinander verbundenen Gebäuden. Das fast 100 Jahre alte "Herzstück", das Haupthaus, wurde in familiärer Tradition sanft modernisiert, um seinen ursprünglichen Charme zu bewahren - natürlich bei maximalem Komfort. Die Zimmer sind im modernen Landhausstil eingerichtet. Zum Relaxen lädt der Wellnessbereich ein mit Blütendampfbad, finnischer und Bio-Sauna, Schwimmbad und Hot Whirlpool. Massagen und Beauty-Anwendungen können dazu gebucht werden. Die Juniorchefin verwöhnt im Restaurant mit höchster Kochkunst auch echte Gourmets. ÜmF im DZ ab 67,50 Euro, Kinder bis 10 J. kostenfrei, ab 11 J. je Zustellbett 30 Euro. HP-Zuschlag 30 Euro. ⌂ Bahnhofstrasse 15, 82467 Garmisch-Partenkirchen ☎ +49.8821.943870 ⊕ www.reindls.de

Restaurants

In der **Pizzeria Renzo** gibt es extrem leckere Pizzen aus dem Steinofen. ⌂ Rathausplatz 6, 82467 Garmisch-Partenkirchen ☎ +49.8821. 4171 ⊕ www.ristorante-renzo.de

Talort

Garmisch-Partenkirchen besteht, wie der Name schon sagt, im Wesentlichen aus den Ortsteilen Garmisch und Partenkirchen. Es ist trotz seiner 26.000 Einwohner keine Stadt, sondern ein Markt. Das Ortsbild unterscheidet sich dennoch nicht von dem einer Kleinstadt inklusive der kompletten Infrastruktur (Geschäfte, Supermärkte, Tankstellen, Theater, Kino etc.). Es gibt auch ein Krankenhaus und natürlich eine Bahnstation.

Alles auf einen Blick

Tourist-Info

Tourist Information Garmisch-Partenkirchen: ⌂ Richard-Strauss-Platz 2, 82467 Garmisch-Partenkirchen ☎ +49.08821.180700 ⊕ www.gapa.de ✉ tourist-info@gapa.de

Bergwettervorhersage der Bayerischen Zugspitzbahn Bergbahnen: ☎ +49.8821.797979

Skiverleih

An der Kreuzeck-Talstation kann man bei der **alpinwelt** Ski- und Snowboardausrüstung ausleihen. ☎ +49.8812.7303678 ⊕ www.skiverleih-alpinwelt.de

An der Hausberg-Talstation versorgt der **Skiverleih Garmisch-Partenkirchen**, der an die Skischule angegliedert ist, mit Material, siehe unten.

Und in Garmisch selbst kann man beim **Snowboard & Skicenter Garmisch** Ausrüstung leihen. Besonders interessant sind hier die Sparwochen mit bis zu 50% Rabatt. Zudem gibt es die Ausrüstung für bis zu zwei Kinder kostenlos, wenn beide Elternteile Skier leihen. ⌂ Zugspitzstraße 68, 82467 Garmisch-Partenkirchen ☎ +49.8812.9692990 ⊕ www.skiverleih-garmisch.com

Skischule

Die **Skischule Garmisch-Partenkirchen** hat ihren Sitz an der Hausbergtalstation und bietet dort einen Rundum-Service an: In dem separaten Gebäude befinden sich Kursbüro, Café-Bar, Skiverleih, Skidepot sowie ein Skishop zum Einkauf des nötigen Zubehörs. ☎ +49.8812.4931 ⊕ www.skischule-gap.de

Familien mit Kindern

Im **Zwergerlland** der Skischule Garmisch-Partenkirchen auf der großen Wiese vor dem Skischulbüro hat der Skikindergarten sein Domizil. Hier werden die Allerkleinsten ganztags betreut und verlieren mit viel Spielspaß und einem Zauberteppich ihre Scheu vor dem Schnee.

Am Hausberg ist der 5 km lange Fußweg, der vom Bayernhaus über die Kochelbergalm ins Tal führt, als **Rodelstrecke** präpariert. Mittwochs und freitags von 18 bis 20 Uhr ist die Strecke beleuchtet. Rodelverleih an der Talstation. Eine weitere Rodelbahn führt von der Eckbauer-Bergstation ins Tal (⊕ www.eckbauerbahn.de).

Im **Gästehaus Sonnenschein** finden junge Familien eine günstige Unterkunft. Die liebevoll eingerichteten Doppelzimmer im gemütlichen Landhausambiente haben Dusche/WC und Sat-TV. ÜmF ab 20 Euro. ⌂ Hauptstraße 27, 82467 Garmisch-P. ☎ +49.8821.1334 ⊕ www.gaestehaus-sonnenschein.de (unbedingt Ton am PC einschalten!) [1]

Die **Kinderärztin** Dr. med. Simone Wohlmann hat ihre Praxis direkt in Garmisch. ⌂ Achenfeldstraße 14, 82467 Garmisch-Partenkirchen ☎ +49.8821.3740 ⊕ www.kindermedizin-gap.de.

Extra-Tipp

Eine perfekte Ergänzung zum Skifahren ist das **Alpspitz-Wellenbad**, ein Hallenbad mit großer Sauna-Abteilung direkt neben dem Olympia-Eissport-Zentrum. 1x freier Eintritt ist in der Gästekarte enthalten. ⌂ Klammstr. 47, 82467 Garmisch-Partenkirchen ☎ +49.8821.753313

[1] Das Video mit dem Garmisch-Partenkirchen-Song findet man auch hier: ⊕ www.youtube.com/watch?v=4DE0-drwNHg

Grainau

Die Zugspitze – Auf dem Dach Deutschlands

Das höchstgelegene Skigebiet Deutschlands ist größer und anspruchsvoller als man es vermuten möchte. Ich gehe sogar noch einen Schritt weiter. Es ist ein richtiges Traumgebiet. Und mit der neuen, schnellen, großen und topmodernen Eibsee-Seilbahn sind jetzt auch Auf- und Abfahrt kein zeitintensives Unterfangen mehr.

Am 15. Mai 1963 nach Eibsee-Seilbahn ihren Fahrbetrieb auf. Sie war damals ein gefeiertes Meisterstück der Ingenieurskunst. Im Laufe der Jahre stießen die kleinen Gondeln der "Alten Dame" mit ihrem Fassungsvermögen von gerade einmal 44 Personen aber immer mehr an ihre Grenzen.

Wer an schönen Wochenendtage nicht bereits deutlich vor 8:00 Uhr vor der noch geschlossenen Seilbahn Posten bezog, der wartete mitunter sehr lange...

Das hat sich erfreulicherweise grundlegend geändert. Seit dem 21. Dezember 2017 befördern die zwei neuen bodentief verglasten Großraumkabinen jeweils 120 Personen pro Fahrt auf das Zugspitzplatt.

Sechs Jahre Planung und Bau waren dem vorausgegangen. Dabei wurden auch Berg- und Talstation komplett neu gestaltet. Im großzügigen Eingangsbereich der Talstation hat man jetzt freie Sicht auf Eibsee und Zugspitze. Und bei den vollverglasten Bahnsteigen der Bergstation bekommt nicht nur mein Sohn glänzende Augen.

Der Startpunkt [1]

Die **Eibsee-Seilbahn** (VI) überwindet die 1.950 m Höhenunterschied in zehn Minuten. Dann ist man auf dem Dach Deutschlands.

---

1) Pistenplan: siehe Garmisch (Seite 66)
2) bezieht sich auf **Riffelriss**, siehe nächste Seite

Die Aussicht ist einfach phänomenal. Ein 360°-Panorama mit Blick auf über 400 Alpengipfel und einem Fernblick, der an schönen Tagen über 200 km weit reicht. Im Norden das Voralpenland, daran im Anschluss nach Westen die Ammergauer Alpen und im Südenwesten können wir den Grubigstein identifizieren. Daran schließt sich der Alpenhauptkamm an. Er wird im Südosten schließlich von den Stubaier und Ötztaler Alpen begrenzt wird, die uns die Sicht aufs Mittelmeer versperren.

Etwas davor können wir das Skigebiet in Seefeld erkennen. Durch einen Einschnitt geht unser Blick hier bis ins Inntal hinunter.

Direkt unter uns nach Südost liegt das Zugspitzplatt. Rechts der kleine noch verbliebene Gletscher mit den Schneefernerkopfliften, in der Mitte zentral die Bergstation der Zahnradbahn SonnAlpin und dann nach links unten alle weiteren Lifte bis hinab zum Brunntal.

Wir können uns kaum sattsehen. Aber irgendwann ruft dann doch der Schnee und wir begeben uns zur **Gletscherbahn** (VII), um zum SonnAlpin hinunterzugondeln. Der Höhenunterschied beträgt immerhin 360 m, für die wir knappe vier Minuten brauchen.

Gebietsinfo

Land:	Deutschland
Anfahrt:	A95, B2
Höhenlage:	2.000 - 2.720 m
	1.000 - 1.650m [2]
Charakter:	Überraschend großes Skigebiet in toller Bergkulisse
Lifte:	9 Lifte, 20 km + 5 km [2]
Beste Zeit:	Dezember - April
Pisten:	■ ■ ■ ■ ■ ■ ■ ■ ▥
Liftanlagen:	■ ■ ■ ■ ■ ■ ▥ ▥ ▥
Hütten:	■ ■ ■ ■ ▥ ▥ ▥ ▥ ▥
Wohlfühlfaktor:	■ ■ ■ ■ ■ ▥ ▥ ▥ ▥

Macht zusammen 14 Minuten Gondelfahrtzeit. Demgegenüber benötigt die **Zahnradbahn** (V) vom Eibsee-Bahnhof bis zum SonnAlpin immerhin 45 Minuten.

Allerdings muss man fairerweise zu der eigentlichen Gondelfahrtzeit noch die Umsteigezeit hinzurechnen. Damit ist der Unterschied nur noch marginal.

Sonnenkarsessel und Schlepplift Weißes Tal. Ganz links die leider geschlossene Hexn-Hütte, bei der es früher Snacks und Getränke gab.

Mein Tipp: Hoch zu immer mit der Gondel – die Aussicht ist auch beim wiederholten Male noch spektakulär und einen Kaffee in der Panorama-Lounge 2962 allemal wert. Hinunter dann immer mit der Zahnradbahn, nicht nur der Bequemlichkeit halber, sondern auch wegen Riffelriss. Aber dazu später.

Die Pisten

Nachdem wir nun am Zugspitzplatt angekommen sind, kann es endlich losgehen.

Wir beginnen mit einer kleinen Aufwärmrunde am **Schneefernerkopf-Doppelschlepplift** (B), der auf dem Nördlichen Schneefernergletscher steht.

Die Piste ❶ beginnt noch mit sanftem Gefälle, wird dann aber immer flacher, so dass man am Ende nur noch Schussfahren kann.

Nach zwei, drei schnellen Runden fühlen wir uns fit für den Rest des Skigebietes. Der liegt tiefer, unterhalb von SonnAlpin.

So starten wir mit einer Abfahrt zur Talstation des **Sonnenkar 6er-Sesselliftes** (A). Hierfür haben wir insgesamt drei Möglichkeiten. Direkt rechts vom Lift läuft die dunkelrote ❽.

Im oberen Drittel ist sie sehr steil. Links vom Lift verläuft die Piste ❾. Sie macht einen Bogen und ist nicht ganz so steil. Der zweite Traumhang in diesem Gebiet. Im unteren Drittel kommen hier allerdings schnell die Steine durch. Die Zugspitze ist eines der wenigen Gebiete, in denen es keine Schneekanonen gibt. Und schließlich haben wir noch die hellrote ❷b, die den Steilhang der dunkelroten ❽ in einem großen Bogen umgeht und perfekt für weite Carving-Schwünge ist.

Die Talstation des Sonnenkarlifts bildet den zweiten zentralen Knotenpunkt. Hier endet der von unten kommende Brunntal-Schlepplift (F). Links geht der brandneue Wetterwandeck-Sessellift (E) hoch. Und nur ein kleines Stückchen oberhalb startet der Schlepplift Weißes Tal (C) mit seinen beiden schönen roten Pisten.

Wir schwingen auf unserer Erkundungstour in gerader Linie weiter zum **Brunntallift** (F). Auch die Piste ❼ ist bestes Carvinggelände. An schönen Wochenendtagen sollte man allerdings immer zuerst einen Blick auf die Ampel am Wetterwandeck werfen: Die schaltet

auf Rot, wenn die Wartezeiten unten am Bruntallift zu lange werden. So vermeidet man dort hängenzubleiben.

Wieder zurück am Knotenpunkt nehmen wir den 6er-Turbosessel zum **Wetterwandeck** (E). Von seiner Bergstation aus kann man auf der breiten roten Super G ❻ direkt zum Bruntallift hinunterschwingen - ein absolut genialer Hang. Oder man genießt die noch etwas sanftere neu gestaltete Piste ❹. Sie wurde ganz bewusst als blaue Piste angelegt, um den Kritikerstimmen zu begegnen, die das Zugspitzplatt als zu anspruchsvoll und zu wenig anfängerfreundlich bezeichnet hatten. Mit seinen 20 Pistenkilometern ist das Zugspitzplatt ein wirklich schönes und großes Skigebiet, in dem keine Langeweile aufkommt. Und dann gibt es da ja auch noch **Riffelriss**. Wenn man mit der Zahnradbahn ins Tal fährt, hält diese an der Tunnelausfahrt. Das ist die Station Riffelriss. Steigt man dort aus, so verbleiben weitere 650 hm bis zum Eibsee hinunter. Und die kann man auch auf Skiern zurücklegen. Zumindest bei ausreichend Schnee. Die knapp 5 km lange rote Riffelriss-

Abfahrt ist einer der schönsten Skipisten, die ich kenne. Man sollte sie sich auf keinen Fall entgehen lassen.

Die Einkehrmöglichkeiten

Vor dem **SonnAlpin** lädt die große Sonnenterrasse mit ihrem schönen Blick zu einer Pause ein. Im Südosten sieht man bis hinüber nach Seefeld zu Rosshütte und Gschwandtkopf. Das Selbstbedienungsrestaurant im Inneren bietet solide Küche zu gehobenen Preisen.

Daneben kann man im Glas-Pavillon des **Gletscherrestaurants** in der Showküche bei der Zubereitung seiner Gerichte zusehen. Schnäppchenpreise darf man hier allerdings nicht erwarten.

Drinks oder auch ein kühles Weißbier bekommt man an der **Bar des Iglu-Dorfes**, das nur ein paar Meter entfernt liegt, s. Infokasten.

Oben an den Bergstationen der Seilbahnen kann man sich in der **Gipfelalm** kulinarisch verwöhnen lassen oder einen Cappuccino in der **Panorama Lounge 2962** trinken. Die leitet ihren Namen übrigens vom neuesten Ergebnis des Landesvermessungsamts ab: Danach liegt der Zugspitzgipfel auf exakt 2962,06 m.

Blick von der Bergstation auf Schneefernerkopf (2.874 m), Wetterwandeck (2698 m), SonnAlpin und alle Lifte.

Oberammergau | Unterammergau | Garmisch | Grainau | Mittenwald | Walchensee | Lenggries | Tegernsee

Alles auf einen Blick

Skigebiet und Winteraktivitäten

 1 2 2  4   Pisten: ⬤ = 6 km, ⬤ = 14 km, ⬤ = 0 km

Tageskarte Erw. 48 Euro, Kinder 24,50 Euro, günstigere Familienkarten. ☎ +49.8821.7970 ⊕ www.zugspitze.de

Skilanglauf: Es stehen 16 km zur Verfügung, die sich auf 4 bestens präparierte und miteinander verbunden Loipen verteilen. Die Krepach Loipe ist beleuchtet.

Schneeschuhwandern: Es gibt mindestens einmal wöchentlich geführte Schneeschuhwanderungen. Mit Gästekarte ist die Teilnahme kostenlos. Anmeldung an der Tourist-Info.

Unterkunft

Das **Romantic Alpenhotel Waxenstein**★★★★s liegt

oberhalb von Grainau mit unvergleichlichem Blick auf das Wettersteingebirge und die Zugspitze. Die großzügigen Zimmer im modernen Landhausstil bieten behaglichen Komfort. Bademäntel für den Wellnessbereich mit Sauna, Dampfbad und Innenpool liegen bereit. Im VitalAlpin Spa kann man sich zudem mit Massagen und Schönheitsanwendungen verwöhnen lassen. Die Hotelbar und Lounge verfügt über einen offenen Kamin. ÜmF im DZ ab 87,50 Euro. HP-Zuschlag 25 Euro. Die HP ist eigentlich eine ¾ Verwöhnpension mit Süßem aus der Patisserie sowie Kaffee- und Teespezialitäten am Nachmittag und einem 4-Gang-Gourmetmenü am Abend. ⌂ Höhenrainweg 3, 82491 Grainau ☎ +49.8821.9840 ⊕ www.waxenstein.bayern

Restaurants

Im **Jägerstüberl** bekommt man sehr leckere bayerische Küche zu fairen Preisen. ⌂ Oberer Dorfplatz 9, 82491 Grainau ☎ +49.8821.8743

Talort

Das Zugspitzdorf Grainau ist staatlich anerkannter Luftkurort und kann auf eine 700-jährige Geschichte zurückblicken. Obwohl es nur 6 m von Garmisch-Partenkirchen entfernt liegt, hat es sich seine Eigenständigkeit bis heute bewahrt. Strenge Bauvorschriften sorgen dafür, dass auch der dörfliche Charakter erhalten bleibt. Es hat 3.550 Einwohner. Die Bahn- und Busverbindung nach Garmisch ist mit der Gästekarte kostenfrei.

Tourist-Info

Tourist-Information Zugspitzdorf Grainau: ⌂ Parkweg 8, 82491 Grainau ☎ +49.8821.981850 ⊕ www.grainau.de ✉ info@grainau.de

Alles auf einen Blick

Skiverleih

Der **Skiverleih-Zugspitze** befindet sich direkt auf den Zugspitplatt. So muss man die Ausrüstung nicht mit nach oben tragen, sondern kann sie dort direkt ausleihen. Es gibt dort auch Schlitten und Rodel, siehe unten. ☎ +49.8821.74505 ⊕ www.skiverleih-zugspitze.com

Skischule

Die **Skischule Zugspitz** bietet Ski- und Snowboardkurse in allen Leistungsklassen an. Die Kinderkurse finden in einem eigenen sicheren Kinderpark statt mit vielen lustigen Figuren, Karussell, Magic-Teppich, etc. Es gibt auch ein wöchentliches Abschlussrennen mit Pokal und Urkunde. ⌂ Am Unteren Dorfplatz 3a, 82491 Grainau ☎ +49.8821.8466 ⊕ www.skischule-zugspitze.de

Familien mit Kindern

Ein ganz besonderer Spar-Tipp für Familien mit kleinen Kindern ist der **Schlepplift am Eibsee**. Er hat zwar nur eine blaue Piste ⑫, ist aber immerhin 330 m lang. Die Tageskarte für Erwachsene kostet mit Gästekarte Grainau 5 Euro, für Kinder 3 Euro. Zug oder Bus zum Eibsee sind mit der Gästekarte ebenfalls kostenfrei.

Im Ortszentrum am Kurpark befindet sich der **Grainauer Natureisplatz**, der jeden Nachmittag 13.30 - 16.30 Uhr geöffnet ist. Dort kann man Schlittschuhlaufen oder Eisstockschießen. Material zum Ausleihen hat der Platzwart. Eintritt Erw. 1 Euro, Kinder 50 ct.

Auf dem Zugspitzplatt gibt es **drei schöne lange Rodelbahnen**, die man mit den Liften mühelos erreichen kann. Rodel und Helme gibt es im Skiverleih Zugspitze für 10 Euro pro Tag zu leihen.

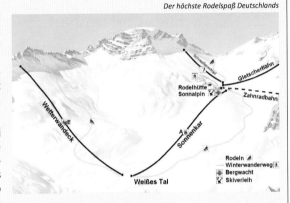
Der höchste Rodelspaß Deutschlands

Preisgünstige Zimmer finden junge Familien im **Gästehaus Neuner**. Alle Zimmer haben Balkon oder Terrasse. Sie sind einfach aber gemütlich eingerichtet. Das Frühstück ist reichhaltig. ÜmF im DZ ab 24 Euro. ⌂ Kramergasse 4, 82491 Grainau ☎ +49.8821.9859860 ⊕ www.millian.de

Die nächst **Kinderärztin** ist Dr. med. Simone Wohlmann in Garmisch. ⌂ Achenfeldstraße 14, 82467 Garmisch-Partenkirchen ☎ +49.8821.3740. Vor Ort kümmert sich der Allgemeinmediziner Dr. Michael Wilsch um die Kleinen. ⌂ Loisachstraße 8, 82491 Grainau ☎ +49.8821.8864

Extra-Tipp

Es ist zwar nicht ganz kostengünstig, aber in jedem Fall ein einzigartiges Erlebnis: die Übernachtung auf dem Zugspitzplatt im **Iglu-Dorf**. Alle Iglu-Dörfer werden jährlich komplett neu gebaut. Neben den Übernachtungs-Iglus in der Standard- und der Romantik-Variante mit Lammfellen gibt es auch einen Spezial-Iglu mit Whirlpool. Das Paket beinhaltet ein Käsefondue am Abend, eine nächtliche Schneeschuhwanderung und ein Frühstück im Bergrestaurant. Preis pro Person ab 129 Euro für Erw und 59 Euro für Kinder. ⊕ www.iglu-dorf.com

Kranzberg und Dammkar –
Zwei Extreme sehen sich an

In der Mitte zwischen Garmisch und Seefeld liegt der idyllische Ort Mittenwald, der nicht nur Ski-fahrern aus Bayern und Tirol wohlbekannt ist. Hier befindet sich das Dammkar, das eine der schönsten und anspruchsvollsten Freeride-Pisten im nördlichen Alpenraum bietet.

Kaum einer weiß jedoch, dass es daneben in Mittenwald noch ein zweites ganz entzückendes kleines Skigebiet gibt: das Familien-Skiparadies am Kranzberg.

Diese Bezeichnung hat sich das im Familienbe-trieb geführte Skigebiet zwar selbst verliehen, sie ist aber durchaus zutreffend. „Professionell präparierte Pisten weitab von Trubel und Hektik", heißt es weiter und auch das stimmt. Der Kranzberg ist eine ungeschliffene Perle, ursprünglich und natürlich, mit Traumpisten im unberührten Winterwald. Auch an einem Sonntag bei zwei Meter Pulverschnee und strahlendem Sonnenschein ist dieses Kleinod nicht überlaufen, selbst wenn es am Parkplatz Luttensee lebhaft aussehen mag. Ich liebe neben den kurzen Wartezeiten vor allem den ursprünglichen Charakter und den Charme, den der Kranzberg ausstrahlt.

Der Startpunkt

Für Familien mit Kindern empfiehlt es sich, nicht an der Talstation des Sesselliftes zu parken, sondern gleich hinter bis zum Luttensee-Schlepplift zu fahren. Hier befindet sich das Skischulbüro und Bruno´s liebevoll gestalteter Kinder-Skipark.

Während unsere Kids gleich voll durchstarten, trinken wir erst einmal unseren Gute-Morgen-Kaffee an Peppi´s Schiglu.

Die Pisten
Kranzberg

Für die ganz Kleinen wurde zur Saison 2012/13

der **Übungslift Schleppi** (B) modernisiert und hat jetzt bequeme Teller. Sein einfacher Hang ist absolut perfekt für den ersten Schneekontakt. Hier beginnen auch die Skischulen, nachdem die Basis in Bruno's Kinder Skipark spielend erlernt wurde.

Wir nehmen gleich den **Luttensee-Schlepplift** (A) und schwingen uns auf der sanften Hauptpiste ❷ rechts vom Lift warm. Die Abfahrt links ❶ ist schon etwas dunkelblauer. Dort gibt es auch einen kleinen **Funpark**.

Ein Stückchen weiter wartet als nächstes der **Korbinianlift** (C). Ein herrlicher roter Hang, oben flach, mit einem traumhaft-tiefroten Mittelstück und einer schönen Bodenwelle zum Hüpfen. Hier trainiert manchmal der örtliche Skiclub oder es finden Skirennen statt. Alternativ kann man stattdessen auch die deutlich sanftere ❷ hinunterschwingen, deren unteren Bereich wir ja bereits kennen.

Oben schließt sich der kurze **Sonnenhanglift** (D) an, den man auch als Verlängerung des Korbinianlifts nutzen kann. Er trägt seinen Namen zu Recht, denn er liegt wirklich den ganzen Tag in der Sonne (wenn sie scheint). Auch wenn seine Abfahrt ❹ im Pistenplan

rot eingezeichnet, ist sie harmlos. Herrlich sind zwei leichte Kuppen, die bei zügiger Fahrt ein Bauchkribbeln verursachen.

Gebietsinfo

Land:	Deutschland
Anfahrt:	A95, B2
Höhenlage:	950 - 1.350 m / 2.244 m
Charakter:	Charmantes Familienskigebiet gleich neben extremem Freeridegelände
Lifte:	7 Lifte, 15 km
Beste Zeit:	Dezember - März
Pisten:	■ ■ ■ ■ ■ ■ ■ ▢ ▢
Liftanlagen:	■ ■ ■ ■ ■ ■ ▢ ▢ ▢ ▢
Hütten:	■ ■ ■ ■ ■ ■ ■ ■ ■ ▢
Wohlfühlfaktor:	■ ■ ■ ■ ■ ■ ■ ■ ▢

Von hier fahren wir zum **Kranzberg-Sessellift** (G) hinunter, eine äußerst hellblaue und flache Piste ❾, bei der man vor allem im Frühjahr bei weichem Schnee auch öfter mal schieben muss. Dafür ist sie landschaftlich sehr schön

Luttenseelift

mit ihrem durchgehenden Karwendelblick. Perfekt auch für Anfänger.

Der Einersessel ist schon ein wenig in die Jahre gekommen. Wir nutzen diese Sitzgelegenheit zum Ausruhen vom Schroppliftfahren. Hier treffen wir auch viele Rodler, die auf der 1,5 km langen präparierten **Naturrodelbahn** links des Liftes ihren Spaß haben.

Fehlen uns noch die beiden hinteren Schlepplifte. Zu ihnen gelangen wir von der Bergstation des Sonnenhanglifts über die blaue, stellenweise dunkelblaue Piste ➎.

Der **Wildenseelift** (E) ist angenehm rot auf seiner rechten Seite ➐. Die Abfahrt links ➏ ist deutlich steiler und wird des Öfteren unpräpariert als Tiefschneeabfahrt belassen.

der schwarzen gibt es häufig noch schöne ausgefahrene Buckel. Zwischen beiden Pisten kann man mehrfach wechseln.

Daneben können Freerider auch die Trasse der stillgelegten alten Gipfelbahn als Freeridepiste nutzen. Die kleine Gondel führte von der Bergstation des Sesselliftes bis hinauf zum Kranzberghaus.

Und noch eine weitere Variante gibt es, die nicht im Pistenplan eingezeichnet ist: Sie quert im unteren Teil den Gipfellift und verläuft dann rechts von ihm. Von hier führt auch eine Abzweigung direkt zur Wildenseehütte. Zurück zum Lift muss man allerdings 5 Minuten laufen. Das traumhaft schöne Panorama am Wildensee ist das aber allemal wert.

Rennen des örtlichen Skiclubs am Korbinianlift

Nach einer Verschnaufpause an der Kiox Sport & Brotzeitbar nehmen wir uns das Highlight dieses Skigebiets vor, den 700 m langen **Gipfellift** (F). Der Schlepplift ist teilweise sehr steil und erfordert Standvermögen. Nicht für Anfänger geeignet. Oben angekommen, werden wir mit einer mittelschweren roten ➐ und einer richtig knackigen schwarzen Abfahrt ➑ belohnt. Die rote Piste hat einige Varianten und neben

Dammkar

Vom verträumten Familien-Idyll zur rassigen Freerideabfahrt: Das Dammkar ist, zumindest pistentechnisch, das genaue Gegenteil vom Kranzberg. In meiner Kindheit war das noch ein „ganz normaler" Skiberg. Sehr steil zwar, aber so gut es eben ging präpariert.

Vor ein paar Jahren hat man dann aber die Zeichen der Zeit erkannt. Freeriden ist in... und

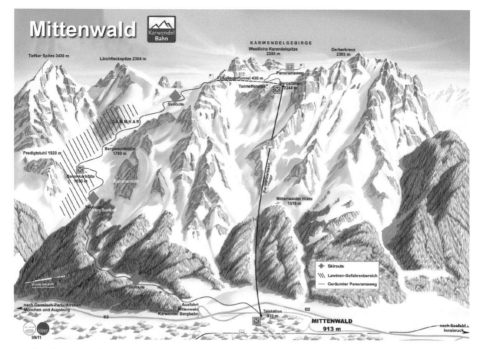

macht das Betreiben einer Bergbahn gleich deutlich kostengünstiger. Das sind zwei Fliegen mit einer Klappe. Eine perfekte Geschäfts- und Marketing-Idee, die hier auch konsequent umgesetzt wurde. Der Schönheit dieser Abfahrt tut dies freilich keinen Abbruch.

Sofern es ausreichend Schnee hat, denn Kunstschnee gibt es am Dammkar (natürlich) auch keinen. Auf den 1.311 hm und 7 km dieser non-plus-ultra Freeride-Piste kann man alles antreffen von traumhaftem Pulverschnee über sulzige Buckel bis hin zu Bruchharsch. Eine echte Herausforderung - und eine schöne Abwechslung, wenn sich Mama oder Papa mal ein paar Stunden austoben möchten. Denn am Dammkar gibt es auch Vormittags-, Halbtages- oder Nachmittagskarten.

Die Einkehrmöglichkeiten

Kranzberg

Zentral unter dem Sonnenhanglift liegt die **Korbinian-Hütte** ganztägig in der Sonne. Sie bietet Dank der freien Lage des Kranzberges sagenhafte Ausblicke auf das Karwendel-

massiv und das darunter liegende Mittenwald. Ein keiner Kinderspielplatz und gute, preisgünstige Küche machen den Aufenthalt perfekt.

Kleine Snacks und Getränke bekommt man an der **Kiox Sport & Brotzeitbar** an der Talstation des Wildenseelifts.

Den Kaffee zwischendurch oder danach nehmen wir an **Peppi´s Schiglu**, wo wir unsere Kids in Bruno´s Skipark bestens im Blick haben.

Wer in Ruhe und Abgeschiedenheit speisen will, investiert rund fünf Geh- beziehungsweise Schiebeminuten zur **Wildenseehütte**.

Dammkar

Am **Dammkar** bietet die große Sonnenterrasse des Bergrestaurants eine phantastische Aussicht. Hier kann man übrigens auch heiraten: In 2244 Metern Höhe befindet sich eine offizielle Außenstelle des Mittenwalder Standesamts.

Im **Dammkar-Stadl** an der Talstation trifft sich schließlich die Freerideszene auf einen abschließenden Spritz oder Hugo.

Oberammergau

Unterammergau

Garmisch

Grainau

Mittenwald

Walchensee

Lenggries

Tegernsee

Alles auf einen Blick

Skigebiet und Winteraktivitäten

 1 1 6   Pisten: ● = 6 km, ● = 7 km, ● = 2 km, ◆ = 7 km

Die Gondelbahn und die Freeridepiste gehören zum Dammkar. Die restlichen Lifte und Pisten befinden sich am Kranzberg.

Kranzberg: Tageskarte Erw. 30 Euro, Kinder 21 Euro, Kinder unter 6 Jahren kostenlos, Familienermäßigung: pro Tageskarte Elternteil gibt es eine Kindertageskarte zum halben Preis. Jeden Di und Do ist die Piste am Luttenseelift beleuchtet. ☎ +49.8823.5995 ⊕ www.skiparadies-kranzberg.de

Dammkar: Tageskarte Erw. 39,50 Euro, Kinder 24,50 Euro. ☎ +49.8823.9376760 oder +49.8823.5396 (Schneetelefon) ⊕ www.karwendelbahn.de.

Skilanglauf: Stolze 150 km lang ist das Loipennetz rund um Mittenwald. Fast alle sind neben der klassischen Spur auch für Skating präpariert, einige sind sogar beschneit und/oder beleuchtet. Die neue „Magdalena-Neuner-Loipe" ist eine Hommage an die Olympiasiegerin aus Wallgau. Mit dem Loipen- und Skibus kann man kostenlos zu jedem Ein- und Ausstiegspunkt fahren.

Winterwandern: Es gibt zahllose geräumte Winterwanderwege in und um Mittenwald. Ein besonderes Highlight ist der Panoramaweg Wallgau oder der Aufstieg von der Sessellift-Bergstation zum Kranzberghaus (160 hm), das auch im Winter bewirtschaftet ist. Von Mittwoch bis Freitag organisiert das Tourist-Office zudem Fackelwanderungen. Montags und donnerstags kann man bei der Wildfütterung zusehen (für Kinder ab 6 Jahren).

Unterkunft

Im **Alpenhotel Rieger**^{★★★ s} wird rustikaler, großzügiger Komfort kombiniert mit dem Flair modernen Lebensstils. Die Zimmer und Suiten sind komfortabel im oberbayerischen Landhausstil eingerichtet und verfügen fast alle über Balkon oder Terrasse. Die Saunalandschaft mit finnischer und Ökosauna, Dampfbad und Solarium sowie das hauseigene Schwimmbad laden zum Relaxen ein. Im Restaurant werden auch verwöhnte Gaumen durch die exzellente Küche zufrieden gestellt. Jeden Montag gibt es als Besonderheit ein bayerisches Buffet mit Livemusik. ÜmF im DZ ab 45 Euro. HP-Zuschlag 15 Euro. ⌂ Dekan Karl Platz 28, 82481 Mittenwald ☎ +49.8823.92500 ⊕ www.hotel-rieger.de

Restaurants

Die **Pizzeria Mamma Lucia** serviert superleckere italienische Gerichte und Pizzen aus dem Holzofen. Außerdem gibt es dreimal wöchentlich frischen Fisch vom Grill in der Salzkruste gebacken. Alles zu sehr fairen Preisen. ⌂ Untermarkt 22, 82481 Mittenwald ☎ +49.8823.5777 ⊕ www.mammalucia.de

Alles auf einen Blick

Talort

Der Luftkurort Mittenwald liegt zwischen dem Karwendel- und dem Wettersteingebirge, fast unmittelbar an der österreichischen Grenze. Er gilt als die Wiege des Geigenbaus in Bayern mit über 300-jähriger Tradition. Der Markt hat 7.300 Einwohner und eine sehr gut ausgebaute Infrastruktur. Es gibt zahleichen Geschäfte und Restaurant, Eisstadion, Erlebnisbad und Tennishalle. Mittenwald hat einen eigenen Bahnhof.

Tourist-Info

Tourist-Information Mittenwald: ⌂ Dammkarstr. 3, 82481 Mittenwald   ☎ +49.8823.33981 ⊕ www.mittenwald.de ✉ touristinfo@markt-mittenwald.de

Skischule & Skiverleih

Die **Skischule Alpenwelt Karwendel** bietet Ski- und Snowboardkurse in allen Leistungsklassen an. Zudem gibt es spezielle Zwergerlkurse (s.u.), Freeridekurse am Dammkar und Skitourenkurse. Ski- und Snowboardausrüstung kann man direkt im Hauptbüro mieten.   ⌂ Bahnhofplatz 3, 82481 Mittenwald ☎ +49.8823.8080 ⊕ www.skischule-alpenwelt-karwendel.de

Familien mit Kindern

Die Zwergerlkurse der **Skischule Alpenwelt Karwendel** finden an der Kranzbergtalstation in Bruno's Bärenskipark statt mit Zauberteppich, Seillift, Karussell, Wärmehütte und vielem mehr.

Es gibt eine **präparierte Naturrodelbahn** von 1,5 km Länge, die an der Bergstation des Sessellifts beginnt, allerdings auch ein paar Schiebepassagen enthält. Rodelverleih an der Talstation.

Im **Eisstadion in Mittenwald** ist mehrmals pro Woche Publikumslauf. ☎ +49.8823.938641 ⊕ www.arena-mittenwald.de.

Für Familien mit Kindern bietet das **Gästehaus Bergzauber** eine günstige Unterkunft. Vom sonnigen Balkon der großzügigen Zimmer hat man eine tolle Aussicht über Mittenwald. ÜmF im DZ ab 31 Euro. ⌂ Klausnerweg 26, 82481 Mittenwald ☎ +49.8823.93960 ⊕ www.bergzauber.de

Die **Kinderärztin** Dr. med. Gertraude Klötzer hat ihre Praxis direkt in Mittenwald und kümmert sich um die Kleinen. ⌂ Ludwig-Murr-Straße 15, 82481 Mittenwald ☎ +49.8823.1241

Extra-Tipp

Immer einen Ausflug wert ist das **Alpenbad Leutasch** [1] (20 min ab Mittenwald). Vom Sport- und Fun- über ein Relax- bis hin zum Babybecken ist hier für jeden etwas geboten. Die 87m lange Röhrenwasserrutsche ist für Groß und Klein gleichermaßen ein Heidenspaß ebenso wie die Luftkissen-Wasserkrake im Fun-Becken. Das umfangreiche Massageangebot macht strapazierte Körper nach einem anstrengenden Skitag wieder fit. Und in der großzügigen Saunawelt mit vier verschiedenen Saunen im Holzhausambiente sowie einem Dampfbad mit Meersalzpeeling können sich Genießer danach ausgiebig entspannen. ⌂ Weidach 275, A-6105 Leutasch, Österreich ⊕ www.alpenbad-leutasch.com

---

[1] Das Karwendelbad in Mittenwald hat leider seinen Betrieb im November 2016 eingestellt.

Der Herzogstand – Unverfälschter Skigenuß

Am Herzogstand ist alles noch so ursprünglich wie früher. Ein Kleinod für die Puristen: die schnuckelige Gondelbahn, die urgemütliche Gipfelhütte mit ihrem „gstandenen" Wirt und der pulvrige Natur-schnee bei der Abfahrt. Und niemals Wartezeiten. Das ist selbst im Oberland einmalig.

Um es gleich klar zu sagen: Der Herzogstand ist nichts für Anfänger. Er ist aber auch keine tiefschwarze Freeridepiste, wie beispielsweise das Dammkar. Die Talabfahrt ist zwar durchaus anspruchsvoll, kann aber von jedem soliden Schifahrer problemlos bewältigt werden. Auch von Kids, die sauber auf dem Ski stehen.

Wichtig ist hier noch zu wissen: Pistenbetrieb ist an der Herzogstandbahn nur zwischen Weihnachten und Heilige Drei Könige sowie in der Faschingswoche täglich. Sonst nur an den Wochenenden.

Da man von München aus in einer guten Stunde dort ist, eignet sich das Gebiet also perfekt für einen schönen Tagesausflug oder ein entspanntes Wochenende, nicht so sehr jedoch für einen ganzen Urlaub.

Der Startpunkt

Die Besonderheit des Herzogstands ist, dass seine Talabfahrt (leider) nicht bei der Talstation der Gondel endet, sondern ein Stückchen entfernt an der Straße. Kommt man über die Kesselbergstraße vom Kochelsee herauf, so fährt man kurz hinter Urfeld an einer kleinen Parkbucht vorbei. Hier hält der Pendelbus, der die Skifahrer in regelmäßigen Abständen zur Gondelbahn zurückbringt. Wir fahren weiter bis zum großen Parkplatz an der Bahn.

Die Pisten

Die kleine türkisfarbene **Gondelbahn** (A) trägt uns höher und höher. Und die Aussicht wird immer schöner. Es gibt nur wenige Seilbahnen, bei denen der Blick aus der Gondel in mir derartige Glücksgefühle auslöst. Der Walchen-see, wahlweise zugefroren und weiß in der Sonne glitzernd oder in tiefem Dunkelblau und die schneebedeckten Bergspitzen um uns herum – das ist schon fast märchenhaft.

Oben angekommen steigen wir die paar Treppenstufen hinauf zur Kapelle und dem Einstieg in den Fahrenberghang ❶. Dieser erste Hang ist gleich ordentlich steil und wir überlegen kurz, ob wir nicht für die erste Abfahrt lieber auf dem Fußweg um den Berg herumrutschen sollen. Das ist allerdings mit etwas Schieben verbunden ist. So stürzen wir uns dann doch todesmutig in die weiße Pracht. Am Herzogstandhaus kommen beide Wege wieder zusammen. Hier wartet Sigi schon mit einem Haferl Kaffee auf uns. Sigi ist der Hütten-wirt und mit jedem Gast sofort per Du.

Nach einem kurzen Morgenkaffee geht es weiter ins Tal. Der Hang direkt unterhalb der Hütte ist wieder recht steil, aber gut zu fahren. Eine Pistenraupenspur führt alternativ über den blauen Ziehweg ❷ außenherum und an der Talstation des **Fahrenberg-Schlepplift** (B) vorbei.

Mit diesem Schlepplift kann man die oberen beiden Hänge immer wieder genießen und wir

Gebietsinfo

Land:	Deutschland
Anfahrt:	A95, B11
Höhenlage:	800 - 1.600 m
Charakter:	Anspruchsvolle lange Talabfahrt mit Variationsmöglichkeiten.
Lifte:	2 Lifte, 6 km
Beste Zeit:	Januar - Februar
Pisten:	■ ■ ■ ■ ■ ■ ■ ▦ ▦ ▦
Liftanlagen:	■ ■ ■ ■ ■ ■ ■ ■ ■ ▦
Hütten:	■ ■ ■ ■ ■ ■ ■ ■ ■ ■
Wohlfühlfaktor:	■ ■ ■ ■ ■ ■ ■ ■ ■ ▦

nehmen uns vor, bei der nächsten Abfahrt ein paar Schleifen zu drehen.

Für alle Tiefschnee- und Freestylefans: Neben der präparierten Pistenspur gibt es hier mehr als ausreichend Platz zum Variantenfahren.

Im unteren Bereich kurz nach dem Kalt-wasserboden zweigt rechts die steile schwarze Buckelpiste ❸ ab. Dank des Neuschnees gestern sind ihre Buckel noch sanft und sie lässt sich herrlich schwingen. Ich habe sie aber auch

Variantenfahren hoch über dem Walchensee

Oberammergau

Unterammergau

Garmisch

Grainau

Mittenwald

Walchensee

Lenggries

Tegernsee

schon tief ausgefahren und mit Steinen und Eisplatten erlebt. Das sind die Schattenseiten von Naturschnee: Er ist nicht immer perfekt. Schließlich kommen wir glücklich und etwas außer Atem an der Straße an. Wir haben noch ein paar Minuten, bis der nächste Bus kommt. Während wir den Blick über den See genießen beobachten wir einige Kitesurfer, die sich in dem nicht zugefrorenen Teil des Sees tummeln. Muss man mögen bei diesen Temperaturen. Zum Zuschauen ist es allerdings extrem nett und kurzweilig.

Die Einkehrmöglichkeiten

Einer meiner allerliebsten Berghütten überhaupt ist das **Herzogstandhaus**. In dem urigen Berggasthof kann man nicht nur hervorragend essen, sondern auch sehr gut übernachten, s. Infokasten.

Herzogstandhaus mit Martinskopf (links) und Herzogstand (rechts).

Die Sicht vom Herzogstand aus ist phänomenal. An klaren Tagen sieht man den Kochel-, dahinter den Starnberger See und manchmal fast bis München.

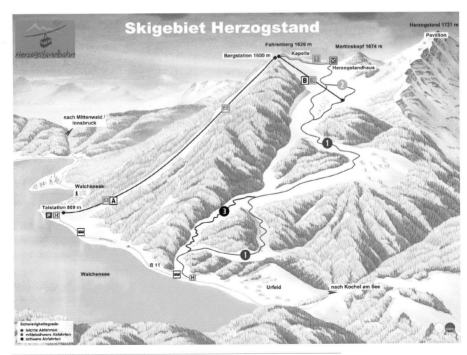

Alles auf einen Blick

Skigebiet und Winteraktivitäten

 1   🎿 1   Pisten: ⬤ = 0,8 km, ⬤ = 4,6 km, ⬤ = 0,8 km

Tageskarte Erw. 17,50 Euro, Kinder 13,50 Euro. Familienkarten für Eltern und bis zu 2 Kindern bis 18 J. 36,50 Euro. Achtung: Pistenbetrieb ist an der Herzogstandbahn nur bei ausreichender Schneelage. Im Zweifel besser erkundigen. ☎ +49.8858.236 ⊕ www.herzogstandbahn.de

Winterwanderung: Von der Bergstation der Gondelbahn führt ein geräumter Wanderweg um den Berg herum bis zum Herzogstandhaus (ca. 15 min). Von dort aus kann man bei wenig Schnee ohne, bei viel Schnee mit Schneeschuhen bis zum Gipfel des Herzogstandes hochsteigen.

Skitour: Der Herzogstand ist ein beliebter Skitourenberg. Der Aufstieg führt über die Piste. Lawinenausrüstung sollte man wegen dem oberen Hang dennoch immer dabei haben.

Unterkunft

Das **Herzogstandhaus** liegt auf 1575 m und ist eigentlich ein Berggasthof, kein Hotel. Die neun Doppelzimmer sind einfach aber gemütlich eingerichtet. Dusche/WC gibt es auf der Etage, Sauna gibt es gar keine. Warum ich das Herzogstandhaus dennoch als „Genießer-Tipp" empfehle? Die Gaststube ist so urig und gemütlich, dass der Abend wie im Flug vergeht. Dazu kommt die Wahnsinnsaussicht am nächsten Morgen. Für ein oder zwei Nächte ist das Herzog-

standhaus für mich die perfekteste Unterkunft, die man hier finden kann. Ich garantiere Ihnen: Sie werden sich rundum wohlfühlen! ÜmF im DZ ab 48 Euro, Kinder 24 Euro, im Mehrbettzimmer oder Zimmerlager günstiger. ☎ +49.8851.234 ⊕ www.berggasthaus-herzogstand.de

Restaurants

Auf dem Nachhauseweg lohnt sich auf jeden Fall noch ein Stopp beim **Fischerwirt** in Schlehdorf. Bei feinster bayerischer Küche und großen Portionen kann man in der gemütlichen Gaststube einen perfekten Skitag perfekt ausklingen lassen. ⌂ Unterauer Straße 1, 82444 Schlehdorf am Kochelsee ☎ +49.8851.484 ⊕ www.fischerwirt-schlehdorf.de

Talort

Der Walchensee ist einer der größten und auch einer der tiefsten Alpenseen Deutschlands (bis zu 192 m tief). An seinem Westufer liegt der kleine Luftkurort Walchensee mit 600 Einwohnern. Er ist ein Ortsteil der Gemeinde Kochel am See. In Walchensee selbst gibt es einige Gasthäuser und Ferienwohnungen, die vor allem im Sommer gerne gebucht werden. Einkaufsmöglichen gibt es in Kochel. Vor dort aus erreicht man den Ort mit dem öffentlichen Bus.

Tourist-Info

Tourist Information Walchensee: ⌂ Ringstraße 1, 82432 Walchensee ☎ +49.8851.411 ⊕ www.walchensee.de ✉ info@walchensee.de

Lenggries

Das Brauneck - Traumgebiet im Isarwinkel

Das Brauneck in Lenggries gehört zu den bekanntesten und beliebtesten Skigebieten in Deutschland. Hier lernten Skiasse wie Martina Ertl-Renz, Hilde Gerg, Andreas Ertl und Florian Eckert das Skifahren. Und auch ich habe vor langer Zeit hier das erste Mal auf Skiern gestanden, ebenso wie meine Kinder und wahrscheinlich auch ihre Kinder in einigen Jahren...

Für Familien mit kleinen Kindern ist das Brauneck der Mercedes unter den Skigebieten. Hier gibt es allein drei Kinderländer, die auf eigenem abgetrennten Areal alles bieten, was ein Kinderherz begehrt: Seillifte, Zauberteppiche, Wellenbahnen, Schneekarussells, Rutschbahnen und vieles mehr.

Aber auch die Großen kommen nicht zu kurz: Vor allem der steile schwarze Garland mit seinen 800 m Höhenunterschied fordert selbst Könner heraus. Und nicht zuletzt die vielen kleinen, schnuckeligen Hütten...

Einziges Manko, das das Gebiet auch die Höchstpunkteazahl kostet, sind die vielen veralteten Schlepplifte und die Ziehwege. Im Frühjahrssulz mutiert das Brauneck teilweise vom Ski- zum Schiebegebiet.

Der Startpunkt

In das Skigebiet kann man von zwei Punkten her einsteigen: über die Gondelbahn in Lenggries oder über die Schlepplifte in Wegscheid. Grundsätzlich gilt: Könner nehmen die Gondel, Familien starten in Wegscheid.

An schönen Wochenendtagen kann es allerdings zu längeren Wartezeiten an der Gondel kommen. In diesem Fall lohnt sich ein Ausweichen auf die Schlepplifte in Wegscheid für alle. Ein kostenloser Pendelbus ermöglicht spontanes Wechseln.

Sollte man mit dem Pkw anreisen, stehen vier große Parkplätze zur Verfügung: In Lenggries der Parkplatz am Jägerstüberl für das Kinderland Michi Gerg und der direkt an der Gondelbahn.

Sowie in Wegscheid der Parkplatz am Jaudenstadl für das Kinderland Villa Lustig und der am Draxlstüberl für die Draxlhanglifte und das dortige Kinderland.

Meine erste Wahl, wenn ich nach Lenggries als Tagesausflügler komme, ist eigentlich immer der Draxlhang. Hier fällt mir der morgendliche Einstieg am Leichtesten.

Die Pisten

Die **Draxlhang-Schlepplifte** (11+12) sind mit ihren blauen Pisten rechts und links von der Liftspur ⑪ einfach perfekt zum sanften Einschwingen. Als meine Kinder noch kleiner waren, legten wir zuvor auch noch ein, zwei Runden am Babylift ein.

Alle Pisten sind Osthänge, liegen also schon morgens in der Sonne. Dank Beschneiung geht die weiße Pracht aber nicht so leicht aus. Danach tasten wir uns über die beiden **Jaudenhang-Lifte** (10+9) langsam an die höheren Gefilde heran.

Der **Milchhäusl 6er-Sessel** (5) ist zentraler Knotenpunkt für den Weg nach oben. Seine hohe Kapazität erlaubt uns ein oder zwei staufreie Fahrten auf einer der schönsten

Pisten im Gebiet genießen, dem Waxensteinhang ❺. Er läuft dunkelrot nahe der Liftspur und ist ein sonniger Morgenhang.

Gebietsinfo

Land:	Deutschland
Anfahrt:	A8, B13
Höhenlage:	700 - 1.712 m
Charakter:	Großes Skigebiet mit maximaler Kinderorientierung
Lifte:	14 Lifte, 34 km
Beste Zeit:	Januar - März
Pisten:	■ ■ ■ ■ ■ ■ ■ ■ ▦ ▦
Liftanlagen:	■ ■ ■ ■ ■ ■ ▦ ▦ ▦ ▦
Hütten:	■ ■ ■ ■ ■ ■ ■ ■ ■ ■
Wohlfühlfaktor:	■ ■ ■ ■ ■ ■ ■ ■ ■ ▦

Skizwergerl steigen stattdessen nach links aus dem Lift aus und gelangen über die ❻ und die anschließende hellrote Familienabfahrt ❸ ins Tal. Die ist inzwischen für jeden machbar, da die einzig kritische Stelle schon von vor Jahren entschärft und verbreitert wurde.

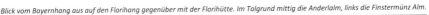

Blick vom Bayernhang aus auf den Florihang gegenüber mit der Florihütte. Im Talgrund mittig die Anderlalm, links die Finstermünz Alm.

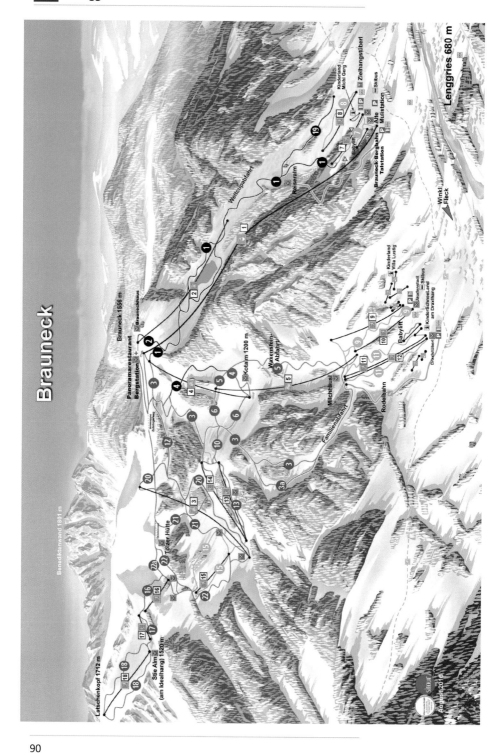

Danach geht es weiter nach oben über den **Ahorn 4er-Sessel** (4). Jetzt ist er noch leer. An sonnigen Wochenend-Nachmittagen sieht das leider oft anders aus, da hier jeder hoch muss, der nach Lenggries abfahren möchte. Also nach 15 Uhr besser meiden.

An diesen Tagen ist aufgrund der hohe Liftkapazität des Ahorn-Sesselliftes seine Hauptabfahrt ❸ auch schon mittags nicht mehr schön zu fahren. Dann empfiehlt es sich, über die ❹ auszuweichen, eine schöne Waldschneise, die eher dunkelrot als schwarz ist.

blaue Bayernhang (siehe Foto Seite 89) eignet sich perfekt für ausladende Carvingschwünge. Fazit: Den Schrödelstein-Sessel am Vormittag fahren und dann mit ganz viel Schwung über das flache Schiebestück am Anfang der ㉒a zum **Zirkuslift** (16) brausen.

Über ihn gelangt man zum **Idealhanglift** (18) mit seinen herrlichen breiten Carvingpisten rechts und links der Liftspur ⑱.

Der Standard-Rückweg zu den Talabfahrten nach Wegscheid führt über die Flori-Lifte, an denen sich deshalb an schönen Tagen ab 14 Uhr

Idealhang mit Stie-Alm

Wir schwingen weiter über die ❸ und die ⑫ Richtung **Schrödelstein-6er-Sesselbahn** (3). Ab Dezember 2019 ersetzt sie den alten Finstermünz-Doppelsessel. Höchsterfreulich, da damit die langen Wartezeiten der Vergangenheit angehören. Dank der zahlreichen Abfahrtsvarianten der ⑳, ㉑ und ㉒ kann man sich hier leicht ein paar Stunden vergnügen.

Noch abwechslungsreicher wird das Ganze, wenn man zwischendurch die eine oder andere Abfahrt mit den **Flori-Liften** (13+14) oder dem **Bayernhanglift** [1] (15) einschiebt. Die roten Flori-Pisten sind traumhaft. Und der breite

lange Schlange bilden. Wenn man hier schon etwas früher dran ist, hat das noch einen weiteren Vorteil: Man kann den Garland ❷ noch zu seiner besten Zeit genießen.

Die ist zwischen 11:00 und 14:30 Uhr - davor ist es zu schattig, danach stören zu viele Eisplatten und Schneehaufen den Fahrspaß. Aber Achtung: Die Piste ist in der Tat tiefschwarz. Hierhin sollten sich Anfänger keinesfalls verirren. Wartezeiten gibt es keine. Schon in meiner Kindheit nicht, als sich hier nur ein Tellerlift befand. Der heutige **Garland-3er-Sessel** (2) fährt meist leer.

---

[1] Im Sommer 2019 bestanden Pläne, den Bayernhanglift stillzulegen. Hoffen wir, dass es nicht dazu kommt.

Auch der Rest der Talabfahrt ❶ ist anspruchsvoll, wenn auch nicht mehr ganz so steil. Etwas oberhalb der Reiseralm muss man achtgeben, dass man nicht aus Versehen den linken Arm erwischt ⓱ - es sei denn, man ist ein Elternteil auf „Freigang" und will zurück zu seinen Zwergerln im Michi Gerg Kinderland.

Die Einkehrmöglichkeiten

Für den Einkehrschwung gibt es in kaum einem Skigebiet so viele wunderbare Möglichkeiten wie in Lenggries:

An der Gipfelstation der Kabinenbahn befindet sich das **Panorama-Gipfelrestaurant**. Von außen wirkt es eher nüchtern, innen ist es jedoch urgemütlich und bietet einen schönen Ausblick.

Nicht zu verwechseln mit dem **Brauneckhaus-Gipfelrestaurant**, das fünf bis zehn Gehminuten oberhalb liegt und ganzjährig vor allem bei Wanderern beliebt ist.

Für einen kurzen Boxenstopp perfekt ist das **Milchhäusel**, insbesondere wenn man einen der Sonnenplätze an der Hauswand ergattert.

Hier geht es ebenso lebhaft zu wie an der urigen **Kotalm**. An beiden tummeln sich insbesondere um die Mittagszeit viele Skikurse.

Etwas ruhiger sind die kleine **Finstermünzalm** und die **Tölzer Hütte**.

Richtig gemütlich wird es auf der **Strasser Alm**. Von hier man einen tollen Blick in die Jachenau, gelegentlich mit Livemusik.

Zur **Reiseralm** am Garland führt auch eine sehr beliebte Rodelstrecke, was sie an schönen Wochenendtagen oft brechend voll werden lässt. Ein Platzerl habe ich bisher aber immer noch gefunden.

In der urigen **Quenger Alm** unbedingt den Hüttenburger probieren. Der ist wirklich lecker.

Gipfelfans mögen die **Stie-Alm** am Idealhang, mit Sonnenterrasse und Kachelofen.

Mein persönlicher Favorit ist die **Florihütte**, was vielleicht auch daran liegt, dass ich schon als kleiner Bub mit meinem Vater hier immer Rast gemacht habe.

Ebenso groß ist die Auswahl im Tal. Gutes Essen bekommt man in Wegscheid im **Draxlstüberl** und im **Jaudenstadl** und in Lenggries im **Zielhang-** und im **Jägerstüberl**.

Und die Party, die gibt es dann in der **Alten Mulistation**.

Fintstermünz Alm

Garland

Alles auf einen Blick

Skigebiet und Winteraktivitäten

 1   4   11 Pisten: ◉ = 8 km, ● = 22 km, ● = 4 km

Tageskarte Erw. 41 Euro, Kinder 21 Euro, Kinder unter 6 J. kostenlos. Familienskipass für beide Eltern und alle eigenen Kinder bis 15 J. 102 Euro. Am Mittwoch (Ladies Day) Tageskarte für Frauen 21 Euro. ☎ +49.8042.503940 ⊕ www.brauneck-bergbahn.de.
Schneetelefon: ☎ +49.8042.501825

Skilanglauf: Neben 42 km gepflegten Loipen im Ortsbereich und insgesamt 112 km Loipen im Nahbereich, gibt es auch eine rund 2 km lange Nachtloipe mit Flutlicht (von 17-22 Uhr). Eine Loipensaisonkarte für 25 Euro ist in der Gästeinformation erhältlich.

Unterkunft

Das **Arabella Brauneck Hotel**✯✯✯✯ erwartet seine Gäste mit Zimmern im Landhausstil. Alle Zimmer und Suiten verfügen über Fön, Telefon, Flat-TV, Minibar, kostenfreies Internet per Kabel sowie kostenpflichtiges WLAN in den öffentlichen Bereichen. Ein Saunabereich, ein kleiner Fitnessraum sowie eine Kegelbahn stehen zur Verfügung. Der französische Küchenchef Anthony Raimbaud entführt die Gäste im Restaurant Leonhardi Stuben in die Welt der
regionalen Küche mit mediterranen Akzenten. Seine Spezialität sind hausgemachte Flammkuchen - knusprig-frisch und mit ausgesuchten typischen Zutaten. Die Lobby Bar ist als Cocktailbar mit Sky HD beliebter Treffpunkt am Abend. ÜmF im DZ ab 48 Euro. Kinder bis 6 J. schlafen kostenlos im Zimmer der Eltern. HP-Zuschlag Erw. 27 Euro. ⌂ Münchner Straße 25, 83661 Lenggries ☎ +49.8042.5020 ⊕ www.arabella-brauneckhotel.com

Restaurants

In der Pizzeria **Luna Piena** gibt es hervorragendes italienisches Essen und guten Service zu fairen Preisen. Jeden Montag ist Pizzatag, dann kostet jede Pizza nur 6 Euro. Dienstag Ruhetag.
⌂ Wegscheiderstrasse 3, 83661 Lenggries ☎ +49.8042.9740094

Talort

Lenggries ist, neben Bad Tölz, der Hauptort des Isarwinkels und die flächenmäßig größte kreisangehörige Gemeinde Bayerns. Sie hat 9.600 Einwohner. Es gibt ein Hallenbad, eine Bahnstation und viele Geschäfte und Restaurants.

Tourist-Info

Gästeinformation Lenggries: ⌂ Rathausplatz 2, 83661 Lenggries ☎ +49.8042.5008800
⊕ www.lenggries.de ✉ info@lenggries.de

Skiverleih

Alle drei Skischulen (siehe rechts) bieten auch Leihausrüstung zu günstigen Preisen an.

Alles auf einen Blick

Skischule

Die **Skischule Michi Gerg** am Streidlhang bei der Braneck Talstation bietet Ski-, Snowboard und Langlaufkurse für jedes Alter und jeden Anspruch. Unter dem Motto „Lernen mit Spaß" werden auch die Kleinsten im eigenen, abgegrenzten Kinderland mit Seillift, Zauberteppich, Märchenwald, Karussell und vielen anderen lustigen Elementen an die Bewegung im Schnee herangeführt. ⌂ Gilgenhöfe 29c, 83661 Lenggries ☎ +49.8042.972674 ⊕ www.skischule-michigerg.de

Die **Skischule Ecki Kober** am Jaudenhang in Wegscheid bietet Ski-, Snowboard- und Langlaufkurse in allen Leistungsklassen an. Zudem gibt es spezielle Zwergerlkurse für Kinder von 4 bis 6 Jahren, die in der Villa Lustig stattfinden, einem abgetrennten Areal von 20.000 m² mit 3 Förderbändern und 2 Seilliften, Schneekarussell, Rutschbahn, Snowtubingbahn, Schneespielplatz und sogar einem richtigen kleinen Kids Snowpark. ⌂ Untermurbach 22, 83661 Lenggries-Wegscheid ☎ +49.8042.974970 ⊕ www.skischule-kober.de und ⊕ www.villa-lustig.de

In der **Skischule Lenggries** am Daxlhang in Wegscheid kann man Ski-, Snowboard- und Langlaufkurse für alle Leistungsstufen und Altersklassen belegen. Auch sie hat ein eigenes Kinderland mit zwei Seilliften, einem Zauberteppich, Wellenbahn, Torbogen-Parcours und einer geräumigen Übungsfläche, in der die ersten Schritte auf Skiern ganz spielerisch stattfinden. ⌂ Jachenauerstr. 28, 83661 Lenggries-Wegscheid ☎ +49.8042.3636 ⊕ www.skischule-lenggries.de

Familien mit Kindern

Es gibt am Braneck insgesamt **drei abgeteilte Kinderareale**, die von jeweils einer Skischule betrieben werden. Alle bieten sehr gute Betreuung und viel Spaß für die Kleinen (s.o.).

Eine romantische **Pferdeschlittenfahrt** oder ein **Ausritt über winterliche Felder** ist für kleine und große Pferdeliebhaber ein einzigartiges Erlebnis. ⊕ www.lamprechthof.com/de/pferdeausritt

Von Wegscheid aus erreicht man in 20 Minuten das Milchhäusl. Nach einem Einkehrschwung kann man auf der 1,5 km langen **Naturbahn** wieder ins Tal rodeln (130 hm). Leihrodel gibt es am Startpunkt bei der Skischule Lenggries.

Eine weitere **Rodelbahn** führt zur Reiseralm (50 Minuten Aufstiegszeit, 200 hm und 2,8 km). Rodeln kann man in der Talstation der Gondel leihen.

Auf dem **Lenggrieser Natureisplatz** direkt an der Seilbahn-Talstation kann man täglich von 13 - 17 Uhr Eislaufen. Eintritt Erwachsene 3 Euro, Kinder 2 Euro. Schlittschuhleihgebühr 3 Euro. Zudem gibt es noch die **Eisstadion wee-ARENA** in Bad Tölz, falls das Wetter mal nicht mitspielt. ⌂ Am Sportpark 2, 83646 Bad Tölz ⊕ www.lenggries.de/eisstadion-bad-toelz

Ideal für junge Familien ist der **Draxlhof**. Er liegt unmittelbar beim Kinderschneeland am Draxlhang und bietet komfortable Zimmer mit eigenem Balkon und einen Gästekühlschrank zu einem günstigen Preis. ÜmF im DZ ab 31 Euro. ⌂ Untermurbach 24, 83661 Lenggries-Wegscheid ☎ +49.8042.2690 ⊕ www.draxlhof.de

Der nächsten **Kinderärzte** sind Dr. med. Tobias Reploh und Dr. med. Martin Grundhuber, die in Bad Tölz eine Gemeinschaftspraxis betreiben. ⌂ Klammergasse 2, 83646 Bad Tölz ☎ +49.8041.3854. Vor Ort kümmert sich der Allgemeinmediziner Dr. med. Martin Berger um die Kleinen. ⌂ Karwendelstraße 7, 83661 Lenggries ☎ +49.8042.4222

Rottach-Egern

Der Wallberg und die Tegernseer Skilifte

Am Tegernsee gibt es ein Skigebiet? Beim Überfliegen des Inhaltsverzeichnisses haben Sie hier vielleicht überrascht innegehalten. Und es stimmt natürlich: Ein zusammenhängendes Skigebiet gibt es hier wirklich nicht. Aber dafür mehrere nahe beieinander liegende ganz bezaubernde kleine Skilifte und einen großen Berg mit anspruchsvoller Tourenabfahrt. Der Tegernsee ist für einen Kurzurlaub jedenfalls eine sehr gute Wahl und bietet neben einer traumhaften Bergkulisse sehr abwechslungsreichen Skigenuss.

Dieses Kapitel hat im Buch eine Sonderstellung. Rein thematisch hätten die hier behandelten Lifte eher in die Auflistung der Einzellifte und kleinen Skigebiete am Buchende gepasst, vgl. Seite 142. Aber weil sie zusammengenommen eine echte „Skiregion" ergeben, habe ich sie hier gebündelt aufgeführt.

Wallberg

Der Startpunkt

Direkt in Rottach-Egern beginnt die Wallbergbahn. An der Talstation gibt es ausreichend Parkplätze.

Die Piste

Bereits seit 1951 führt eine Gondelbahn auf den Wallberg (A) und ebenso lange wird hier skigefahren. Die schwarze 3,2 km lange ehemalige FIS Strecke über den Erlen- und Glaslhang wird seit 2002 nicht mehr präpariert und ist heute ein absoluter Geheimtipp bei Freeridern und Tiefschnee-Fans.

Auf den Wallberg führen auch zwei recht beliebte Skitourenanstiege, wahlweise über den Sommerweg neben der Abfahrtsroute oder von hinten herauf beginnend am Parkplatz der Hufnagelstube kurz vor der Suttenbahn. Beide Anstiege sind jedoch echte Skitouren, die keinesfalls ohne volle Skitourenausrüstung und Lawinenkenntnisse unternommen werden sollten! Gegebenenfalls kann man bei der Skischule Tegernsee einen erfahrenen Skiguide buchen. Für die ganze Familie geeignet ist die **Rodelbahn** am Wallberg. Sie wird beschneit und jede Nacht mit Spezialraupen gewalzt. Mit 6,5 km ist sie die längste Winterrodelbahn Deutschlands und ein absolutes Muss für Groß und Klein.

Die Einkehrmöglichkeiten

Das Panoramarestaurant an der Bergstation des Wallberglifts mit seiner 270°-Glasfront und der großen Sonnenterrasse ist alleine schon einen Besuch wert.

Hirschberg-Lifte
Der Startpunkt

Die Hirschberglifte in Scharling (B) erreicht man von Rottach-Egern aus in 7 Minuten (5 km).

Die Pisten

Das kleine Skigebiet am Hirschberg bietet für jeden etwas: Während sich die ganz Kleinen im Hirschzwergerlland mit Zauberteppich und Seillift tummeln, üben die Größeren an den Übungsliften oder sogar schon an der unteren Sektion des Schleppliftes und die ganz Großen fahren mit der oberen Sektion bis ganz hin-

auf. Während die Abfahrt von der mittleren Sektion noch rot ist, ist der obere Teil schon tief dunkelrot bis schwarz.

Gebietsinfo

Land:	Deutschland
Anfahrt:	A8, B318
Höhenlage:	730 - 1.620 m
Charakter:	Etwas verstreut liegende kleine Skilifte und eine rassige Freerideabfahrt.
Lifte:	11 Lifte, 12 km (ohne Suttenbahn)
Beste Zeit:	Januar - März
Pisten:	▪▪▪▪▪▪
Liftanlagen:	▪▪▪▪▪▪▪▪
Hütten:	▪▪▪▪▪
Wohlfühlfaktor:	▪▪▪▪▪▪▪▪

Die Einkehrmöglichkeiten

Das Liftstüberl an der Talstation bietet bayerische Schmankerl und günstige Tagesgerichte. Auf den Bänken an der Hauswand im Sonnenschein kann man es ruhig angehen lassen und das bunte Treiben beobachten.

Blick vom Wallberg hinab auf den Tegernsee

Kirchberg-Lifte

Der Startpunkt

Kurz hinter Scharling liegt Kreuth mit den Kirchberg-Liften. Von Rottach-Egern aus fährt man die 6 km in 8 Minuten.

Die Pisten

Die Kirchberglifte (C) bestehen aus zwei Bügelliften, einem Seillift (Zwergerllift) und einem Förderband (Zauberteppich). Die Hänge sind alle breit und sehr sanft. Sie sind ideal für Kinder und Ski-Anfänger.

Die Einkehrmöglichkeiten

Für das leibliche Wohl ist im Kirchberg-**Liftstüberl** gesorgt, das sich direkt an der Talstation befindet.

Oedberg-Lifte

Der Startpunkt

Von Rottach-Egern aus ist man mit dem Auto in 12 Minuten (9 km) an den Oedbergliften, die etwas südwestlich von Gmund liegen. Bekannt sind sie bestimmt vielen schon vom Oedbergflitzer, der beliebten Sommerrodelbahn. Der Parkplatz ist derselbe, nämlich an der Oedbergalm in Gmund-Ostin.

Die Pisten

Egal wann man im Winter zu den Oedbergliften (F) kommt, es ist immer was los. Tatsächlich immer. Denn die Pisten werden mit modernsten Beschneiungsanlagen in Form gehalten und die Lifte laufen täglich von 9 bis 22 Uhr durchgehend. Sieben Tage die Woche! Das ist wirklich einzigartig.

Für die größeren Kids gibt es einen 700 m langen Schlepplift mit einer schönen breiten dunkelblauen Piste, die zum Carven einlädt. Nach unten hin läuft der Hang flach aus. Das macht ihn zu einer idealen Rennpiste, die gerne für Riesenslaloms genutzt wird. Sogar ein Ski Cross Weltcuprennen fand hier bereits statt.

Daneben befindet sich noch einen Seillift für die Kleineren und ein schönes Kinderland mit Zauberteppich für die ganz Kleinen.

Außerdem gibt es noch eine Rodelstrecke und eine Tubingbahn mit eigenem Lift.

Die Einkehrmöglichkeiten

An der Talstation kann man sich in der gemütlichen Oedbergalm stärken und von der großen Sonnenterrasse das muntere Treiben auf den Pisten und im Kinderland beobachten.

Die Oedberg-Lifte

Suttenbahn

In 10 Minuten (7 km) gelangt man von Rottach-Egern bis zum Berghof Sutten, von dem die Suttenbahn (D) direkt ins Skigebiet Spitzingsee führt. Ab Enterrottach bis zur Talstation ist die Straße mautpflichtig (2 Euro) und die Parkplätze an der Talstation sind begrenzt. Aber: Hier verkehrt ein kostenloser Pendelbus. Allerdings nur einer, da die Straße für zwei Busse zu schmal ist.
Eine Beschreibung des Skigebiets Spitzingsee finden Sie auf Seite 102.

Sonnenbichl-Lifte

In Bad Wiessee befindet sich der sehr schöne und anspruchsvolle Skihang am Sonnenbichl (E), auf dem sogar schon Weltcup-Rennen ausgetragen worden sind. Er ist beschneit und beleuchtet, wurde aber leider in den letzten Jahren ausschließlich

an Skiclubs, Skischulen und Firmen als Trainings- und Rennstrecke vermietet und war nicht mehr für den öffentlichen Skibetrieb zugänglich. Bleibt zu hoffen, dass sich das irgendwann wieder ändert.

Die **Sonnenmooslifte** in Rottach-Egern sind leider stillgelegt worden.

Rodelbahn am Wallberg

Alles auf einen Blick

Skigebiet und Winteraktivitäten

Wallberg: Es gibt keine Tageskarten. Auffahrt Erw. 1x 11 Euro, 3x 28,50 Euro. Kinder 1x 6 Euro, 3x 15 Euro. Leihrodel 5 Euro + Pfand. ☎ +49.8022.705370 ⊕ www.wallbergbahn.de

Hirschberg-Lifte: Tageskarte Erw. 20 Euro, Kinder 16 Euro, Familienkarte für 3 Pers. 47 Euro und für 4 Pers. 57 Euro. ⌂ N47 39.534 E11 44.448 ☎ +49.8029.9969000 ⊕ www.hirschberglifte.de. Schneetelefon: ☎ +49.8029.1819

Kirchberg-Lifte: Tageskarte Erw. 12 Euro, Kinder 10 Euro. ⌂ N47 38.657 E11 44.357 ☎ +49.8029.232 ⊕ www.gaestehaus-eck.de/content/skilift.php.

Oedberg-Lifte: Die Lifte sind täglich von 9 - 21 Uhr geöffnet. Es gibt Zeitkarten von 1 bis 8 Stunden sowie Vormittagskarten. Das Flutlichtfahren ist je nach Startzeitpunkt mit dabei. 8-Std-Karte Erw. 20 Euro, Kinder 15 Euro, Familien 49 Euro (Eltern plus *alle* Kinder). Das Kinderland ist inklusive, es gibt aber auch eine separate Kinderlandkarte für 7 Euro. ⌂ N47 44.697 E11 46.457∎ ☎ +49.8022.7195 ⊕ www.oedberg.de

Skilanglauf: Die Loipen im Tegernseer Tal sind seit 2010 vom Deutschen Skiverband (DSV) zertifiziert. Für ambitionierte Läufer ist die Langlaufnadel in Bronze, Silber oder Gold ein besonderer Anreiz. An den jeweiligen Kontrollstellen der einzelnen Touren sammelt man Stempel im Langlaufpass und erhält sie anschließend in der Tourist-Informationen.

Unterkunft

Im **Hotel Maier zum Kirschner** wird seit fünf Generationen gelebte Herzlichkeit großgeschrieben. In den großzügigen Zimmern, Appartements und Suiten harmonieren natürliche Materialien mit moderner Funktionalität. Naturbelassenes Holz, hochwertige Stoffe und ein liebevoller Blick fürs Detail schaffen eine besondere Atmosphäre. Im Wellnessbericht mit Sauna, Römischem Dampfbad, Whirlpool, Infrarot Wärmekabine und Solarium findet  man Entspannung pur. Die dem Hotel angegliederten "Kirschner Stuben" verbinden den Charme von Rottach-Egern und eine erlesene Küche mit bayerisch-mediterran-asiatischen Einflüssen. ÜmF im DZ ab 75 Euro, Abendessen à la carte in den Kirschner Stuben möglich. ⌂ Seestraße 23, 83700 Rottach-Egern ☎ +49.8022.67110 ⊕ www.hotel-maier-kirschner.de

Restaurants

Im **Egern51** gibt es die besten Steaks am Tegernsee. Aber auch alles andere ist extrem lecker. Reservieren! ⌂ Seestraße 51, 83700 Rottach-Egern ☎ +49.8022.660257 ⊕ www.egern51.de

Talort

Leben und Genießen, das ist das Erfolgsrezept Rottach-Egerns. Berühmte Maler, Dichter und Komponisten wurden hier beflügelt vom aktiven, kulturellen Leben und von der malerischen Landschaft am Südufer des Tegernsees. Der Ort hat 5.600 Einwohner und zahlreiche Geschäfte. Die nächste Bahnstation befindet sich in Tegernsee. Von dort verkehrt ein Linienbus.

Alles auf einen Blick

Tourist-Info

Tourist-Information Rottach-Egern: ⌂ Nördliche Hauptstraße 9, 83700 Rottach-Egern ☎ +49.8022.671341 ⊕ www.rottach-egern.de ✉ info@rottach-egern.de

Skiverleih

In Rottach-Egern verleiht **Sport Schlichtner** Skier und Snowboards und Schlitten. Sollte man sich später zum Kauf entscheiden, ist der Test komplett gratis. ⌂ Nördliche Hauptstrasse 7, 83700 Rottach-Egern ☎ +49.8022.2255 ⊕ www.sport-schlichtner.de/skiverleih

Am Oedberg verleiht die **Skischule AKTIV** (s.u.) auch Top Ski- und Snowboardmaterial.

Skischule

Bei der **Skischule Tegernsee** kann man neben Kursen in allen Leistungsstufen und Altersklassen auch noch ein spezielles Renntraining belegen sowie Skitouren- und Freeridekurse. Die Kurse finden an den Hirschberg-, Wallberg-, Sutten- und Sonnbichlliften statt (je nach Kursart). ⌂ Bachlerweg 15a, 83708 Kreuth ☎ +49.8022.2345 ⊕ www.skischule-tegernsee.de

Die **Skischule AKTIV** von Alfred Huber an der Talstation der Oedberglifte bietet Kurse für alle Leistungsstufen und Altersklasse an. Zudem spezielle Flutlicht-Intensivkurse für Erwachsene, die sich nach der Arbeit (oder im Urlaub) abends nochmal so richtig austoben wollen. ⌂ Angerlweber 3, 83703 Gmund-Ostin ☎ +49.8022.187779 ⊕ www.skischuleaktiv.de

Familien mit Kindern

Die **Rodelbahn** am Wallberg ist mit 6,5 km ein schier endloser Spaß für die ganze Familie.

Vom Parkplatz an der Hufnaglstube nahe der Suttenbahn aus kann man in etwa 30 Minuten (1,5 km, 120 hm) zur Siebli-Alm aufsteigen und von dort auf einer schönen **Naturrodelbahn** zurück ins Tal gleiten. Rodel kann man an der Wallbergbahntalstation leihen.

Im **Hirschzwergland** am Hirschberg gibt es einen Zauberteppich und einen Seillift. Die Skischule Tegernsee bietet hier nicht nur Kurse für Skizwerge an, sondern auch ein ganz spezielles Elterntraining, in dem die wichtigsten Grundlagen für das Skifahren mit Kindern vermittelt werden. Außerdem können Kinder hier ihren Pistenführerschein in blau, rot und schwarz machen.

An den Kirchberg-Liften befindet sich der **Mini-Hexenwald**. Abseits des hektischen Pistenbetriebs dreht sich hier alles um die Zwerge von 3 bis 11 J. Ganz besonders spannend ist das in der Walpurgisnacht (22. Februar). Betreut wird das Hexenland von der Skischule Giesing. ⌂ Schlierseestraße 81, 81539 München. ⊕ www.skigiesing.de/hexenwald/hexenwaldkurse

Am Oedberg gibt es ein schönes **Kinderland**, in dem auch die Zwergerlkurse für Kinder ab 3 J. der Skischule AKTIV stattfinden. Zudem eine beschneite **Rodel**- und eine separate **Tubingbahn**.

Eine günstigere Unterkunft finden junge Familien in der **Pension Angermaier**, einem ehemaligen Hof des Klosters mit Restaurant und Café. ÜmF im DZ ab 39 Euro, HP auf Anfrage. ⌂ Berg 1, 83700 Rottach-Egern ⊕ www.cafe-angermaier.de. Hier erhalten Sie auch die Tegernsee-Card, mit der es bei vielen Kooperationspartnern 50% Rabatt gibt, wie beispielsweise der Wallbergbahn, den Hirschbergliften oder dem Testcenter und Verleih von Sport Schlichtner, s. Seite 109.

Der nächste **Kinderarzt** ist Dr. med. Andreas Busse in Tegernsee (3 km). ⌂ Hauptstraße 11, 83684 Tegernsee ☎ +49.8022.937687.

Spitzingsee

Der Stümpfling - Hoch über dem See

Der Spitzingsee ist zwar deutlich kleiner als seine beiden Brüder Tegernsee und Schliersee, aber nicht minder bekannt. Malerisch auf einer Höhe von über 1.000 m gelegen, befinden sich auf seiner rechten Seeseite das weitläufige Familienskigebiet Stümpfling – das nur einen einzigen kleinen Schönheitsfehler hat: seine Erreichbarkeit.

Oder besser: Seine Nicht-Erreichbarkeit. Von München kommend beginnen die Probleme eigentlich schon an der Autobahnausfahrt Holzkirchen. Mit Pech ist an schönen Wochenendtagen bereits ab hier mit Kolonnenverkehr zu rechnen und das Erreichen des Parkplatzes am Schliersee kann zu einer echten Geduldsprobe werden.

Hat man das aber einmal geschafft, steht dem ungetrübten Skispaß nichts mehr im Wege.

Früher gab es auf der anderen Seeseite noch ein weiteres Skigebiet, den Taubenstein. Seit Herbst 2015 hat die Taubensteinbahn mit ihren kleinen grünen Gondeln den Winterbetrieb jedoch eingestellt. Jetzt ist der Taubenstein ausschließlich den Skitourengängern vorgehalten.

Der Startpunkt

Wie gesagt: Für Tagesausflügler ist an Wochenenden frühes Aufstehen ein absolutes Muss, wenn man an den Spitzingsee möchte.

Sollte man tatsächlich einmal verschlafen haben und das Autoradio schon „stockenden Verkehr in der Ortsdurchfahrt Miesbach" verkünden, dann gibt es noch eine Notalternative: Den zweiten möglichen Einstieg ins Spitzinggebiet über die Suttenbahn bei Rottach-Egern. Ab Enterrottach bis zur Talstation ist die Straße mautpflichtig (2 Euro) und die Parkplätze an der Talstation sind begrenzt. Aber: Es verkehrt ein kostenloser Pendelbus ab Rottach-Egern. Allerdings tatsächlich nur ein einziger, da die Straße für zwei Busse zu schmal ist.

Die zahlreichen Parkplätze am Spitzingsee sind alle kostenlos. Wir parken auf dem großen Parkplatz an der Stümpflingbahn. Noch ist es hier relativ leer und wir wollen die Zeit nutzen, bis die Blechlawine aus München herangerollt ist. Außerdem liegt der Osthang des Stümpflings bereits morgens in der Sonne.

Die Pisten

Nachdem uns der moderne 4er-Sessel der **Stümpflingbahn** (A) in nur fünf Minuten nach oben gebracht hat, beginnen wir mit dem rechts gelegenen und sehr breiten Osthang **❺**. Er hat genau das richtige Gefälle für unsere ersten Carvingschwünge unter Ausnutzung der gesamten Pistenbreite. Alternativ können wir auch die noch schattige und etwas anspruchsvollere Stümpfling Talabfahrt **❶** nehmen. Beide Pisten treffen auf halber Höhe wieder zusammen.

Wenn sich die Stümpflingbahn am späteren Vormittag langsam zu füllen beginnt, wechseln wir auf die andere Bergseite hinüber und genießen die herrlichen Hänge der Sutten-Talabfahrt **❷** bis hinunter zur **Suttenbahn** (B). Auch dieser moderne 4er-Sessel braucht nur

etwas über fünf Minuten, um uns zurück zur Bergstation zu bringen.

Gebietsinfo

Land:	Deutschland
Anfahrt:	A8, B472, B307
Höhenlage:	980 - 1.580 m
Charakter:	Sehr schönes, nicht ganz staufreies Skigebiet
Lifte:	11 Lifte, 20 km
Beste Zeit:	Dezember - März
Pisten:	■ ■ ■ ■ ■ ■ ■ ■ ■ ▯
Liftanlangen:	■ ■ ■ ■ ■ ■ ■ ■ ▯ ▯
Hütten:	■ ■ ■ ■ ■ ■ ■ ■ ■ ■
Wohlfühlfaktor:	■ ■ ■ ■ ■ ■ ■ ■ ■ ▯

Jetzt fühlen wir uns fit für die schwarzen Pisten. Der **Rosskopf-Doppelsessellift** (C) bringt uns bis hoch zum Rosskopf, von dem wir eine traumhafte Aussicht auf das gesamte Gebiet haben und auch auf den gegenüberliebenden Taubenstein, wo wir zahlreiche Skitourengeher aufsteigen sehen.

Roßkopfgipfelkreuz und Abfahrt **❸**

Spitzingsee

Bayrischzell

Oberaudorf

Aschau

Reit im Winkl

Übersicht

Einzellifte

Bildverzeichnis

Bayernhang Seillift (J)

Wir starten mit der kürzeren Roßkopfabfahrt ❸, die nach dem ersten sonnigen Wegstück bald schattig und steil wird. Auf der anderen Seite schlängelt sich die ebenfalls schwarze Grünseeabfahrt ❸a durch den Wald talwärts. Sie ist das Highlight am Spitzingsee und eine der bezaubernsten Pisten in ganz Bayern. Schwierig zu fahren ist nur ein kurzes enges Stück ganz oben, der Rest ist mehr eine rote Hochgenussabfahrt als ein schwarzer Nervenkitzel. Bei guten Verhältnissen können wir im oberen Bereich statt der präparierten Piste auch abseits durch den nicht im Pistenplan eingezeichneten breiten Freeridehang pflügen.

Mit dem **Valeppalmlift** (H) kommen wir wieder zurück zur Talstation der Stümpflingbahn. Seine sanften blauen Hänge sind ideales Übungsgelände für Anfänger. Hier befindet sich auch der Kidspark.

Leider ist der Valeppalmlift durchaus stauanfällig. Tipp: Am späten Vormittag von ca 11:00 bis ca 14:00 besser meiden.

Nach einer neuerlichen Auffahrt mit der **Stümpflingbahn** (A) schwingen wir über den Nordhang ❻ zum **Nordhanglift** (F). Wie der Name schon vermuten lässt, hält sich der Schnee hier auf dem rein nordseitig ausgerichteten Hang besonders gut und lange. Ideale Voraussetzungen für den professionell angelegten **Snowpark Spitzingsee**, der sich rechts der Liftspur befindet. Hier gibt es Kicker, Rails, Boxen und Jib-Tonnen.

Danach schwingen wir über Dreitannenhang ⑧ zum **Dreitannenlift** (G). Er hat eine etwas schräg hängende einfache Piste mit einigen schönen Bodenwellen. Und selbst an einem Wochenende mit Pulverschnee und Sonnenschein gibt es hier nie Wartezeiten. Kurz: ein optimaler Anti-Stress-Ausweichlift!

Schließlich schwingen wir zum **Kurvenlift** (D) hinunter. Seine wunderschöne rote Piste ❹ ist am Morgen ein schöner Sonnentipp. Da die Sonne dann aber weiterwandert, ist der Schnee auch jetzt am späten Nachmittag noch gut. Dazwischen sollte man den Kurvenlift besser meiden, da er um die Mittagszeit die zweite Staufalle an einem schönen Wochenende sein kann.

Spitzingsee

Bayrischzell

Oberaudorf

Aschau

Reit im Winkl

Übersicht

Einzellifte

Bildverzeichnis

Die Einkehrmöglichkeiten

Lebhaft geht es an der **Jagahütt´n** an der Stümpfling-Bergstation zu. Die urige Holzhütte ist direkt auf dem Grat Sutten/Stümpfling gelegen. Beste Aussicht und eine grosse Sonnenterrasse runden das Vergnügen ab.

Deutlich ruhiger ist es auf der **Osthang-Alm** an der Talstation des Osthangliftes (E). Auch sie ist eine schöne Holzhütte mit Sonnenterrasse. Besonderheit: Die Stümpfling-Talabfahrt führt beidseitig um die Hütte herum. Hier ist neben lecker Essen auch noch Action geboten.

Die auf dem Pistenplan eingezeichnete **Lukas-Alm** ist im Wald neben der Sutten-Talabfahrt versteckt. Einfach den Skispuren folgen. Die Alm ist ruhig und kuschelig mit schönen Sonnenplätzen und wird hauptsächlich von Winterwanderern frequentiert. Zurück muss man 3 min schieben.

Etwas oberhalb der Talstation der Suttenbahn (B) liegt das **Berghotel Sutten**, in dem man gut und günstig essen kann. Von der großzügigen Sonnenterrasse hat man freien Blick auf die Piste.

Jeweils knapp drei Gehminuten von der Talstation der Suttenbahn entfernt liegen die **Moni-Alm** und die **Wildbach-Hütte**. Beide sind gemütlich und absolut empfehlenswert. Trotzdem verirren sich eher selten Skifahrer hierher. Eigentlich schade. Die Skier abzuschnallen und hinzulaufen lohnt sich wirklich.

Auf der Spitzingseeseite ist mein Favorit klar die **Untere Firstalm** mit ihrer schönen Sonnenterrasse, dem Blick auf den Funpark, ihrem guten Essen und gemütlichem Ambiente.

Das **Kurvenlift-Stüberl** an der Talstation des Kurvenlifts (D) ist vor allem ein beliebter Treffpunkt von Familien mit kleinen Kindern, die am Bayernhang-Seillift (J) üben.

Nett ausklingen lassen kann man den Skitag an der **Lyra-Alm** bei der Stümpflingtalstation.

Etwas abseits am Valepperalmlift (H) liegt die **Albert-Link-Hütte**. In dieser DAV-Hütte kann man auch günstig übernachten. Außerhalb der Liftzeiten ist sie allerdings etwas mühsam zu erreichen.

Der Snowpark Spitzingsee an der Unteren Firstalm zählt zu den Top 3 Funparks in Deutschland.

Spitzingsee

Bayrischzell

Oberaudorf

Aschau

Reit Im Winkl

Übersicht

Einzellifte

Bildverzeichnis

Entdecken Sie die Werbewelt von

sitour

Bei eingeschaltetem Blinklicht - bitte Informationsschrift beachten

sitour

bietet Ihnen eine umfangreiche Palette
äußerst **attraktiver** und **aufmerksamkeitsstarker** Werbeplätze,
allen deutschen Skigebieten und rund um viele touristische Erholungsgebiete.

Sommer wie Winter.

n Sie sich von der Vielfalt überzeugen, fordern Sie Ihr individuelles Mediapaket bei uns an.

sitour - werbe gmbh
82229 Seefeld, An der Breite 6a
Tel.: +49 8152 98 41-0
Email: info@sitour.de
www.sitour.de

iSKI Deutschland

Die neue kostenlose Applikation iSKI Deutschland ist das absolute Muss für alle
Schnee- und Wintersportbegeisterten.
Egal wo, egal wann ....
Mit iSKI haben Sie topaktuell alle Informationen zu Ihrem Lieblingsgebiet in der
Hand.

- Wetterdaten
- Schneehöhen
- geöffnete Pisten
- Panoramakarten

Ein riesige Auswahl an Top Hotels, Live-Cam Bildern in Echtzeit und dem Freundefin-
der mit Facebook Connection stecken in der neuen stylischen App, die nicht nur für
das iPhone sondern auch für Android und Blackberry verfügbar ist.
Überzeugen Sie sich selbst.

- topaktuell
- kostenlos
- keine Anmeldung

Alles auf einen Blick

Skigebiet und Winteraktivitäten

 1 3 7 Pisten: ● = 8,5 km, ● = 7,5 km, ● = 4 km

Tageskarte Erw. 37 Euro, Kinder 18 Euro. Flutlichtfahren Do + Fr von 18:30 - 21:30 Uhr, Erw. 17 Euro, Kinder 13 Euro, jeweils um 1 Euro ermäßigt, wenn Tageskarte vorhanden. Familienski-pass für beide Eltern und alle eigenen Kinder bis 15 J. 90 Euro. Am Mittwoch (Ladies Day) Tages-karte für Frauen 19 Euro. ☎ +49.8026.9292230 ⊕ www.alpenbahnen-spitzingsee.de Schneetelefon: ☎ +49.8026-7099

Skilanglauf: Allein am Spitzingsee gibt es vier Loipen mit 21 km. Unten am Schliersee gibt es 14 weitere km. Fast alle sind neben der klassischen Spur auch für Skating präpariert. Sie können kostenlos benutzt werden.

Unterkunft

Die Zimmer im **Arabella Alpenhotel**★★★ sind mit Holzmöbeln in hellen Farben eingerichtet und haben Balkon mit Bergblick. Erholsame Momente genießt man im Wellnessbereich mit verschiedenen Saunen und Whirlpool. Der Fitnessraum bietet einen tollen Panoramablick auf den See. Außerdem kann man sich mit Wellnessanwendungen verwöhnen lassen. Das Restaurant König Ludwig Stube serviert traditionelle bayerische Küche und gesunde Gerichte. In der toskanischen Stil gehaltenen Osteria L'Oliva gibt es mediterrane Küche. Große Tiefgarage und Außenparkplätze. WLAN kostenfrei. ÜmF im DZ ab 97 Euro. Kinder bis 5 J. kostenlos, 6-10 J. 25 Euro, 11-15 J. 40 Euro. HP-Zuschlag 39 Euro. ⌂ Seeweg 7, 83727 Spitzingsee ☎ +49. 8026.798-0 ⊕ www.arabella-alpenhotel.com

Tipp: Den Spa- und Wellnessbereich kann man auch als Nicht-Hotelgast nutzen. Tageskarte 19 Euro, Abendkarte (18 - 22 Uhr) 16 Euro. Bitte telefonische Anmeldung.

Restaurants

Von der Sonnenterrasse der **Klausenhütte** hat man einen traumhaften Blick über den Spitzing-see. Geboten werden bayerische Spezialitäten von süß bis herzhaft. ⌂ Rosskopfweg 2, 83727 Spitzingsee ☎ +49.8026.71807 ⊕ www.klausenhuette.de

Talort

Am Ufer des Spitzingsees befindet sich das Dorf Spitzingsee, das zur Gemeinde Schliersee gehört. Er hat 200 Einwohner. Gästebetten gibt es nicht allzu viele. Im Wesentlichen nur zwei Hotels und drei Hütten. Auch für Geschäfte und sonstige Infrastruktur muss man hinunter nach Schliersee beziehungsweise dem näherliegenden Ortsteil Neuhaus (6 km). Zum Spitzingsee kommt man ab dem Bahnhof Neuhaus mit dem RVO-Bus Linie 9562. Mit Gästekarte sind die RVO-Busse kostenlos.

Tourist-Info

Gäste-Information Schliersee: ⌂ Perfallstr. 4, 83727 Schliersee ☎ +49.8026.60650 ⊕ www.schliersee.de ✉ tourismus@schliersee.de

Spitzingsee

Bayrischzell

Oberaudorf

Aschau

Reit im Winkl

Übersicht

Einzellifte

Bildverzeichnis

Alles auf einen Blick

Skiverleih

Am Spitzingsee verleiht die **Skischule Martina Loch** auch alles nötige Equipment, siehe unten.

Auf der anderen Bergseite befindet sich das **Testcenter Alpin von Sport Schlichtner** direkt an der Talstation der Suttenbahn. Hier kann man ausgiebig alle aktuellen Topmodelle testen. Sollte man sich später zum Kauf entscheiden, ist der Test komplett gratis. ☎ +49.8022.8598999 ⊕ www.skiverleih-rottach.de

Skischule

Die **Skischule Martina Loch** befindet sich direkt an der Talstation der Stümpflingbahn. Sie bietet Kurse in allen Leistungsklassen an, spezielle Kinderskikurse für Kinder ab 7 Jahren und Zwergerlkurse für die ganz Kleinen ab 3 Jahren. ☎ +49.8026.928908 ⊕ www.snowcamp-martina-loch.de

Familien mit Kindern

Die Zwergerlkurse der Skischule Martina Loch finden im liebevoll gestalteten **Kinderland** mit Karussell, Förderband, Skikuli, und einem Übungshang statt. Hier und auch in den übrigen Kinderskikursen wird nach den Prinzipien geschult, die der Deutsche Skilehrerverband im Konzept „kids on snow" erarbeitet hat. Im Vordergrund steht dabei immer spielerisch zu lernen und viel zu erleben. ⊕ www.kidsonsnow.de

Sowohl von der Oberen als auch von der Unteren Firstalm führt eine schöne **Rodelbahn** ins Tal. Der Aufstieg beginnt am Kurvenlift und dauert 40 bzw. 45 Minuten. Rodel können an beiden Hütten ausgeliehen werden. Die Rodelstrecke ist schneesicher und eignet sich sehr gut für die ganze Familie. Sie hat keine gefährlichen Stellen. Ein Highlight ist das Mondscheinrodeln: ⊕ www.mondscheinrodeln.de

Eine 5 km lange **Rodelbahn** beginnt beim Rotwandhaus. Das erreicht man vom Gasthof Alte Wurzhütte aus in ca. 2,5 Stunden oder vom Taubensteinhaus in ca. 1,5 Stunden. Auch am Rotwandhaus können Schlitten ausgeliehen werden.

Junge Familien können günstig in der **Albert-Link-Hütte** am Valepperalmlift übernachten. Die DAV-Hütte ist wahlweise über das Skigebiet oder im Tal zu Fuß erreichbar (20 min). Sie hat Gemeinschaftswaschräume und Münzduschen. ÜmF im 2-Bett-Zimmer 22 Euro, im Mehrbettzimmer 20 Euro, im Lager 13 Euro, Kinder 10 / 6,50 / 0 Euro. Bergsteigeressen 9 Euro. Preise ohne DAV-Mitgliedschaft höher. ⌂ Valepper Straße 8, 83727 Spitzingsee ☎ +49.8026.71264 ⊕ www.davplus.de/albert-link-huette

Der nächste **Kinderarzt** ist Dr. Johannes Schiffer in Hausham. ⌂ Kirchplatz 1, 83734 Hausham ☎ +49.8026.8111 ⊕ www.kinderarzt-schiffer.de. In Neuhaus kümmert sich der Allgemeinmediziner Dr. Franz Meister um die Kleinen. ⌂ Jägerkampstr. 2, 83727 Schliersee-Neuhaus ☎ +49.8026.782782 ⊕ www.drmeister.de

Extra-Tipp

Geschichte erlebbar machen – das hat sich der Doppel-Olympiasieger Markus Wasmeier zur Aufgabe gemacht. Sein vollständig rekonstruiertes **Altbayerische Museums-Dorf** hat mehrere Höfe, eine Brauerei, ein Handwerkerhaus mit zeitgenössischer Schnapsbrennerei, einen Kramerladen und eine kleine Schmiede. Alles kann man besichtigen und anfassen. ⌂ Brunnbichl 5, 83727 Schliersee-Neuhaus ☎ +49.8026.929220 ⊕ www.wasmeier.de

Bayrischzell

Sudelfeld und Wendelstein –
Viele Hügel vs. mächtigen Berg

Beim urbayrischen Bayrischzell liegt das Ski-Paradies Sudelfeld. Ein verwinkeltes Paradies, das um mehrere Gipfel herumführt und von keinem Punkt aus komplett überschaubar ist. So gibt es ständig etwas Neues zu entdecken und es wird nie langweilig. Und wenn man doch irgendwann alles zu kennen glaubt, dann bleibt immer noch der mächtige Wendelstein als ultimative Herausforderung.

Das Sudelfeld ist eines der schönsten und weitläufigsten Skigebiete Deutschlands. Trotz seiner Größe hat es sich bislang seinen urwüchsigen Charme bewahrt.

Um auch künftig für die Skifahrer attraktiv zu bleiben, laufen seit Sommer 2014 umfangreiche Modernisierungs- und Ausbaumaßnahmen. Ein Großteil der Schlepplifte ist schon beziehungsweise wird noch durch komfortable und schnelle 6er- und 8er-Sesselbahnen ersetzt.

Die Pisten sind ja schon seit Jahren top gepflegt, sehr viele werden beschneit. Trotzdem wird auch hier nochmals weiter investiert.

Die neu geschaffene „Actionwelt Sudelfeld" mit ihrem großen Snowpark und der Freeride Cross-Strecke sowie das SNUKI-Kinderland ergänzen das Angebot.

Die Botschaft ist klar und höchsterfreulich: Man möchte der Bezeichnung „Familienskiparadies" auf jeden Fall gerecht werden.

Die Pisten sind hauptsächlich nordseitig ausgerichtet, was dem Schnee sehr zugute kommt. Aber durch die Anordnung um die einzelnen Gipfel herum, gibt es auch Hänge in allen anderen Himmelsrichtungen.

Der Startpunkt

Seinen Skitag am Sudelfeld kann man an mehreren Orten beginnen. Parkplätze gibt es an der Talstation des Einersessels in Bayrischzell, am Unteren Sudelfeld, am Waldkopflift, in Grafenherberg und an der Rosengasse.

Familien und Anfänger steuern am besten das

Untere Sudelfeld oder Grafenherberg an. An beiden gibt es schöne blaue Pisten. Das SNUKI-Kinderland befindet sich an der Talstation des Waldkopflifts (B). Alle Parkplätze erreicht man auch mit dem kostenlosen Skibus.

Die Pisten

Sudelfeld

Wir starten unsere Erforschung des Sudelfelds am **Schwebelift Bayrischzell** (A). Der Einersessellift bringt uns zum **Mittleren Sudelfeld**. Morgens liegen die beiden Talabfahrten nach Bayrischzell noch im Schatten. Die rotschwarze ◈ beginnt mit einem langen steilen Hang. Erst unten mündet sie in die sanfte ❹. Ab da laufen beide gemeinsam weiter und sind leider mehr Ziehweg als Piste, aber zumindest noch so breit, dass man schön schwingen kann. Wir heben sie uns für nachmittags auf, wenn die Sonne sie erreicht. Stattdessen schwingen wir durch die recht schmale Schneise ❾ und weiter über den Ziehweg ❸ Richtung **Unteres Sudelfeld**. Dabei biegen wir noch ein ganzes Stück vor dem Waldkopf 6er-Sessellift (C) nach links ab hinein in die Senke und zur Talstation des **Wedel-Doppelschlepplifftes** (L). Seine beiden

blauen Pisten ❼ und ❼a liegen bereits schön in der Sonne.

Gebietsinfo	
Land:	Deutschland
Anfahrt:	A8, B307
Höhenlage:	800 - 1.563 / 1.720 m
Charakter:	Sehr weitläufiges Familienskigebiet und rassiger Skiberg
Lifte:	13 Lifte, 32 km + 4 Lifte, 13 km
Beste Zeit:	Dezember - März
Pisten:	■■■■■■■■■□
Liftanlagen:	■■■■■□□□□□
Hütten:	■■■■■■■■■□
Wohlfühlfaktor:	■■■■■■■■■□

Hier befindet sich der **Snowpark Sudelfeld**, der Bestandteil der „Actionwelt Sudelfeld" ist. Er enthält diverse Kicker, Rails und Obstacles und ist sowohl für Anfänger als auch für Fortgeschrittene geeignet.
Wenn ich mit meinem Sohn unterwegs bin, sind ein paar Runden im Snowpark obligatorisch.

Blick von der Vogelsang-Abfahrt auf Waller Alm (vorne) und Speck Alm (hinten) sowie den Schepplift Oberes Sudelfeld

Ich trinke dann meist erst einmal einen Kaffee an der **Schindelberger Alm** und sehe ihm vom Eck der Sonnenterrasse aus zu.

Danach queren wir hinüber zur schnellen **Waldkopf 6er-Sesselbahn** (C).

An ihrer Talstation sehen wir die Kleinen im liebevoll angelegten **SNUKI-Kinderland** üben. An der Bergstation des Sesselliftes beginnt die obere Sektion der **Freeride Cross-Strecke**, die die zweite Attraktion der Actionwelt Sudelfeld ist. Wellenbahnen, Steilkurven, verschiedene Sprünge und kleinere Freestyle-Elemente sorgen für Abwechslung. Ich war erst etwas skeptisch, aber über diese abgetrennte und sorgfältig präparierte Strecke hinunter zu surfen macht einfach nur Spaß. Auch wenn man kein Kind mehr ist.

Die obere Sektion endet nahe bei der Bergstation des **Hotellifts** (M), auch **Unterer Sudelfeldlift** genannt. Nach einer kurzen Querfahrt beginnt hier die zweite Sektion der Freeride Cross-Strecke.

Die Pisten an der **Waldkopf 6er-Sesselbahn** (C) sind schwarz und dunkelrot ❶a+b und ❷. Die flache Sonneneinstrahlung an diesem Nordhang garantiert beste Verhältnisse auch noch am Nachmittag. Hier finden öfter Rennen und Trainingsläufe von Skiclubs statt. Es ist schon unglaublich, mit welcher Geschwindigkeit bereits die kleinsten Kids die Piste hinunterflitzen. Gerade mal einen Meter groß, aber schneller als viele Erwachsenen.

Der Waldkopf ist ein freistehender Hügel, den man nach mehreren Seiten abfahren kann: Von links kommt aus Grafenherberg der **Rankenlift** (O) hoch. Leider haben sein Betreiber und der restliche Skiverbund den Streit um die Verteilung der Einnahmen aus den Verbundtickets immer noch nicht beigelegt. Nach derzeitigem Stand ist der Lift nicht im Verbundticket enthalten und nur noch selten in Betrieb. Bleibt zu hoffen, dass sich das bald wieder ändert. Die beiden Pisten des Rankenlifts ● und ● liegen fast den ganzen Tag in der Sonne. Morgens sind sie am schönsten.

Direkt vor uns endet der kurze **Plattenlift** (K). Seine einfache blaue Piste ist nach Süden gerichtet und sehr sonnig. Gegenüber sehen wir den Schlepplift **Mittleres Sudelfeld** (J). Auch er hat eine einfache, sehr breite blaue Piste ⑪a, die zum genussvollen Schwingen einlädt. Da sie Nordausrichtung hat, ist der Schnee hier länger fest. Beide Lifte sind wenig besucht und der ideale Ausweichtipp für volle Wochenendtage.

Wir fahren weiter über die ⑱ zum neuen **Sudelfeldkopf 8er-Sessel** (D). Er wurde im Dezember 2017 in Betrieb genommen und hat sogar beheizbare Sitze. Der Lift bringt uns bis zum **Oberen Sudelfeld**, dem zentralen Punkt in diesem Skigebiet. Hier liegen dicht nebeneinander die beiden schönsten Hütten: die Speck Alm und die Waller Alm.

Nachdem wir uns ausgiebig für den Nachmittag gestärkt haben, starten über die sanften blauen Hänge des **Wallerlifts Monte Gongo** (I) und schwingen dann weiter über die ⑩ und die ⑪ hinunter ins **Mittlere Sudelfeld** zum **Kitzlahner 4er-Sessellift** (B). Zur Mittagszeit ist hier nicht viel los. Auf seiner langen roten Piste ❾ kommen wir so richtig schön ins Schwingen.

Wendelstein mit Sendemast und Hotelhang

1) Snowparks Sudelfeld: ⊕ www.actionwelt-sudelfeld.de/snowpark

Danach fühlen wir uns fit für die Königsstrecke: Nach einer neuerlichen Auffahrt mit dem Kitzlahner queren wir an der Waller Alm vorbei zurück zum oberen Sudelfeld und nehmen den **Vogelsang-Schlepplift** (H) bis ganz nach oben zum höchsten Punkt des Skigebiets auf 1.563 m. Jetzt wird es anspruchsvoll: Über die schwarze ⑬ geht es bis zum oberen Sudelfeld und dann gleich weiter in die tiefschwarze Rosengasse ⑭. Die Rosengasse zeigt nach Osten und am späteren Nachmittag bilden sich hier tiefe Buckel. Kurz nach dem Mittagessen ist sie perfekt.

Als wir schließlich am Parkplatz Rosengasse ankommen fühlen wir uns wirklich königlich - und auch gut ausgepowert.

Den Rest des Nachmittags genießen wir die schönen roten Hänge des **Schöngrat-** (E) und des **Sudelfeldkopf-Sessels** (D).

Und als finales Schmankerl haben wir uns ja noch die ❽ aufgehoben, die uns zurück zu unserem Parkplatz bringt.

Fazit: Die insgesamt 13 Lifte am Sudelfeld bieten so viele Pistenvarianten, dass man sie kaum alle an einem Tag abfahren kann.

Der Wendelstein

Nur ein paar Kilometer entfernt führt vom Ortsteil Osterhofen eine Gondelbahn (A) auf den Wendelstein.

Dieser Berg ist, ähnlich wie das Dammkar in Mittenwald (**12.**) oder der Laber in Oberammergau (**7.**), nicht wirklich Genussskifahrergelände, sondern eher etwas zum Austoben für die Könner. Das macht schon gleich der allererste Hang unmissverständlich deutlich: der Hotelhang ❶a ist zwar kurz aber rabenschwarz. Und an ihm kommt man nicht vorbei. Denn egal, ob man mit der Gondel von Bayrischzell oder mit der Zahnradbahn von Brannenburg hochfährt: Beide enden an dem großen Wendelsteinhaus etwas unterhalb des schon von weitem sichtbaren rot-weiß geringelten Sendemasten des Bayerischen Rundfunks.

Er versorgt seit 1954 das gesamte bayerische Alpenvorland mit Radio und Fernsehen, bis 2005 analog, seither digital. Direkt daneben befindet sich bereits seit 1941 die Sternwarte des Instituts für Astronomie und Astrophysik der Ludwig-Maximilians-Universität München. Eine noch längere Tradition hat oder besser hatte die Wetterstation des Deutschen Wetterdienstes. Seit 1883 war sie durchgehend besetzt. Im Herbst 2012 wurde sie aufgrund von Sparmaßnahmen geschlossen.

Nach unserer obligatorischen kleinen Wallfahrt zum entzückenden **Wendelsteinkircherl**, der höchstgelegenen Kirche Deutschlands (3 min Fußweg) stürzen wir uns also in die Tiefe. Das kostet schon ein bisschen Überwindung. Aber sobald wir die Zahnradbahn unterquert haben, wird es besser.

Ab hier ist die Piste rot ➋. Vorbei an der Bergwachthütte schwingen wir bis zu den Wendelsteinalmen. Hier führen rechts der **Bocksteinlift** (D) und links der **Lacherlift** (C) hoch. Beide Schlepplifte haben jeweils eine schöne rote Piste ➍ und ➌.

Wir genießen jedoch erst einmal die insgesamt 5 km lange Talabfahrt ➋, die bereits am Morgen schön in der Sonne liegt. Die südseitige Ausrichtung hat aber auch ihre Nachteile: Gerade im unteren Bereich ist die Abfahrt leider schnell aper.

Am Nachmittag wagen wir uns dann an das absolute Highlight heran: die anspruchsvolle schwarze Ostabfahrt ➊b, die man über den Lacherlift erreicht. Sie führt hinunter bis zur Mittelstation der Zahnradbahn bei der Mitteralm und ist wirklich nur für geübte Skifahrer bei guter Schneelage ein Genuss. Sollte ganz viel Schnee liegen, kann man sogar noch gut 200 hm weiter hinunterfahren bis nach Aipl, der ersten (Bedarfs-)Haltestelle der Zahnradbahn. Sie bringt uns in weniger als 10 Minuten wieder zurück zum Gipfel.

Die Einkehrmöglichkeiten

Sudelfeld

Zentral am Oberen Sudelfeld liegt die lebhafte **Waller Alm**, bei der man sehr gut und günstig essen kann. Extra-Tipp: Mit einem Familienskipass ist ein Skiwasser je Kind gratis.

Direkt daneben befindet sich die etwas ruhigere und gemütlichere **Speck Alm**.

Blick vom Wedellift hinunter auf das Untere Sudelfeld

An der Talstation des Kitzlahner 4er-Sessels (B) findet man das **Tiroler Stüberl**. Nur ein paar Meter entfernt lockt das **Schirmzelt Geierwally** je nach Präferenz zu einem sonnigen Party- oder einem gemütlichen Liegestuhl-Stopp.

Die **Schindelberger Alm** beim Snowpark und das **Waldkopfstüberl** beim SNUKI-Kinderland sorgen für ausreichende Verpflegung der Kids.

Und auch an den anderen Talstationen kann man jeweils sehr gut einkehren. Ganz hervorragend schmeckt das Essen in **Berggasthof Rosengasse** und im **Almgasthof Grafenberg** bei den gleichnamigen Liften.

An der Talstation des Rankenlifts findet sich ein kleiner **Kiosk** mit Tischen und Bänken. Günstiges Essen aber leider auch nicht mehr durchgehend geöffnet.

Die **Ski Alm** an der Talstation des Einersessels (A) schließlich bietet sich für einen schönen und gemütlichen Ausklang in der Abendsonne an.

Wendelstein

Keinesfalls entgehen lassen sollte man sich den traumhaften Blick vom **Wendelsteinhaus** mit seinem großen Panoramarestaurant an der Bergstation. Bei schönem Wetter kann man auf der großen Sonnenterrasse auch oft Hochzeitspaare beobachten, die sich hier oben kirchlich und standesamtlich trauen lassen.

Die **Mitteralm** befindet sich direkt neben der Zahnradbahnhaltestelle. In dem gemütlichen DAV-Haus kann man sehr gut essen.

Alles auf einen Blick

Skigebiet und Winteraktivitäten

0/1 0/1 5/0 8/2   Pisten: ● = 5/0 km, ● = 24/7 km, ● = 3/4 km

Sudelfeld: Tageskarte Erw. 41 Euro, Kinder 19 Euro. Familienskipass für beide Eltern und alle eigenen Kinder bis 15 J. für 99 Euro. Am Mittwoch (Ladies Day) Tageskarte für Frauen 19 Euro. ☎ +49.8023.588 ⊕ www.sudelfeld.de. Schneetelefon: ☎ +49.8023.428

Wendelstein: Tageskarte Erw. 38 Euro, Kinder 22,50 Euro, Familienkarte (1 Erw./2 Erw. inkl. allen eigenen Kindern) 50/85 Euro. ☎ +49.8034.308111 ⊕ www.wendelsteinbahn.de

Skilanglauf: Es sind 100 km Loipen präpariert. Sie können mit Gästekarte kostenlos benutzt werden (sonst: Tageskarte 4 Euro). Loipenplan auf der Tourist-Info-Webseite. Der kostenfreie Langlaufbus fährt direkt zu den Langlaufgebieten im Ursprungtal und in Geitau. Umkleidekabinen, Schließfächer und Duschen gibt es an der Sportalm, siehe Skiverleih.

Skitour: Am Sudelfeld werden eine Tages- und zwei Nachtrouten (Mittwoch 18 - 22 Uhr) angeboten. Die Routen enden am höchsten Punkt auf 1563 m und sind extra ausgeschildert. Im Übrigen darf aus Sicherheitsgründen nicht im Skigebiet aufgestiegen werden.

Unterkunft

Der **Alpenhof**✖✖✖✖ ˢ kann auf eine über 100-jährige wechselhafte Geschichte zurückblicken. Seit er 2003 von der Familie Christoffer übernommen wurde, ist Ruhe eingekehrt - im wahrsten Sinne des Wortes: Die großzügigen und liebevoll eingerichteten Zimmer und Suiten bieten Entspannung und Wohlgefühl auf höchstem Niveau ebenso wie der rund 350 m² große SPA-Bereich mit Wellnessoase und Innenpool. Kosmetische Behandlungen und Massagen können direkt dazu gebucht werden. Das Restaurant Seeberg verwöhnt  abends mit frischen Zutaten aus der Region, die Küchenchef Chris Lehmann zu kulinarischen Köstlichkeiten komponiert. Das wurde bereits zweimal in Folge mit dem Gastronomiepreis Oberbayerns prämiert. ÜmF im DZ ab 69,50 Euro. HP-Zuschlag 35 Euro. ⌂ Osterhofen 1, 83735 Bayrischzell ☎ +49.8023.90650 ⊕ www.der-alpenhof.com

Restaurants

In den großen gemütlichen Stuben des **Gasthofs Wendelstein** gibt es ausgesuchte bayerische Spezialitäten sowie Gerichte aus der gutbürgerlichen Küche zu sehr fairen Preisen. ⌂ Ursprungstraße 1, 83735 Bayrischzell ☎ +49.8023.80890 ⊕ www.gasthof-wendelstein.de

Talort

Bayrischzell liegt im Mangfallgebirge zwischen dem Schliersee im Westen und Oberaudorf im Osten. Der Ort hat 1.500 Einwohner. Es gibt zahlreiche Sport- und Bekleidungsgeschäfte, einen Supermarkt, eine Apotheke und einen Bahnhof. Mit der Gästekarte sind Ski- und Langlaufbus kostenfrei.

Alles auf einen Blick

Tourist-Info

Tourist-Info Bayrischzell: ⌂ Kirchplatz 2, 83735 Bayrischzell ☎ +49.8023.648
⊕ www.bayrischzell.de ✉ tourist-info@bayrischzell.de

Skiverleih

Das Nordic Zentrum der **Sportalm Bayrischzell** ist der Ausgangspunkt für Langläufer. Hier sind Umkleidekabinen, Schließfächer und Duschen vorhanden. Im Shop können Langlauf und Alpinski ausgeliehen werden. Im Alm Bistro gibt es Snacks, Kuchen und Abendessen. ⌂ Alpenstraße 70, 83735 Bayrischzell ☎ +49.8023.819748 ⊕ www.sportalm-bayrischzell.de

Skischule

Die **Skischule Top On Snow** hat ihre Niederlassung Sudelfeld an der Talstation der Waldkopfbahn. Ihre Kurse kann man direkt online buchen. ☎ +49.8023.783900-5 ⊕ www.toponsnow.de

Die **Skischule Sudelfeld** bietet Kurse für alle Leistungsstufen und Altersklassen an. Im Skischulgebäude kann man auch die komplette Ausrüstung ausleihen. ⌂ Schlierseerstraße 3 ☎ +49.8023.514 ⊕ www.skischule-sudelfeld.de

Familien mit Kindern

Direkt bei der Talstation der Waldkopfbahn befindet sich das **SNUKI-Kinderland**. Ein langes Förderband, Seillift zum Festhalten, Brotzeithütte, bunter Figurenwald, Lernarena und unterschiedlich gestaltete Geländeformen laden zum spielerischen Lernen ein. Kleine Bodenwellen und Schanzen sorgen für Nervenkitzel. Hier finden die Zwergerlkurse der Skischule Top On Snow statt.

Das zweite Kinderland, der **Wintererlebnispark am Tannerfeld** mit Snowtubingbahn, Zauberteppich, Figurenwald und Übungshang befindet sich am Ortsrand von Bayrischzell. Die Skischule Sudelfeld betreut hier die Zwergerl. Im 4 Std.-Kurs ist auch 1 Std. Mittagsbetreuung enthalten.

Schlittschuhlaufen kann man am großen Natureisplatz am Seeberg, der bis 20 Uhr beleuchtet ist. Oder auf dem kleinen Eisplatz mitten im Dorf, ab und zu sogar mit Musik und Bewirtung. Schlittschuhe verleiht Sport Huber. ⌂ Schlierseer Str. 5, 83735 Bayrischzell ☎ +49.8023.705

Snowtubing gibt es am Tannerfeld. Hier saust man mit Spezialreifen die etwa 300 m lange Schneerinne mit mehreren Steilwandkurven hinab ins Tal. Jeweils am Freitag gibt es Nighttubing von 18:30 - 21 Uhr. Für Kinder ab 6 J. Einzelfahrt 1,50 Euro, 10er-Karte 9 Euro.

Die Tourist-Info Bayrischzell bietet für Gäste regelmäßige **Pferdeschlittenfahrten** an. In warme Decken gehüllt kann man so die Natur in aller Ruhe genießen.

Für junge Familien bietet die **Pension Bella Calabria Zur guten Einkehr** großzügige und modern eingerichtete Zimmer, die fast alle einen südseitigen Balkon mit traumhaft schönem Blick auf Bayrischzell haben. Im hauseigenen Restaurant werden italienische Speisen und Pizzen serviert. ÜmF im DZ ab 32 Euro, Kinderermäßigung für Kinder bis 16 J. ⌂ Wendelsteinstraße 18, 83735 Bayrischzell ☎ +49.8023.204 ⊕ www.zur-guten-einkehr.de

Die nächste **Kinderärztin** ist Dr. med. Annegret Klein in Oberaudorf. ⌂ Rosenheimer Straße 33, 83080 Oberaudorf ☎ +49.8033.1826. Vor Ort kümmert sich der Allgemeinmediziner Dr. med. Jürgen Rottmann um die Kleinen. ⌂ Ursprungstr. 7, 83735 Bayrischzell ☎ +49.8023.819965

Oberaudorf

Das Hocheck – Qualität statt Quantität

Das ist ganz klar das Motto dieses schnuckeligen kleinen Skigebiets. Die Lifte sind modern, die Pisten dank Beschneiungsanlage immer in Topzustand und nachts sogar beleuchtet. Und auch für Familien ist gesorgt mit Kinderland, Funpark und Rodelbahn.

Ganz kurz vor dem Grenzübergang Kufstein liegt das Hocheck. Wenn man hier auf der Autobahn fährt und den Kopf nach rechts dreht, sieht man es in der Sonne blitzen.

Diese schnelle Erreichbarkeit ist aber nur einer der Vorteile des Hochecks. Die komfortable 4er-Sesselbahn sowie die drei Schlepplifte erschließen insgesamt rund zehn Kilometer Pisten. Die wichtigsten Pisten werden beschneit und sind immer top gepflegt. Die gesamte Talabfahrt, immerhin 3 km, ist außerdem viermal pro Woche beleuchtet. Ebenso wie die gleichlange Rodelbahn, die mit einer Spezialraupe immer nachts präpariert wird.

Kinderland mit Kindertagesbetreuung und Funpark ergänzen das Skigebiet in Oberaudorf und machen es für insbesondere für Familien besonders attraktiv.

Der Startpunkt

Mehrere Parkplätze stehen zur Wahl. Wer etwas später ankommt, sollte am besten gleich den Großparkplatz P4 ansteuern, denn der Parkplatz am 4er Sessel ist schnell voll und die zusätzlichen Parkplätze liegen deutlich weiter entfernt im Ort. Der P4 macht vor allem mit Kindern Sinn, denn dort befindet sich auch das Übungsgelände mit Kinderland.

Die Pisten

Wir starten unseren Tag mit dem 4er Sessel **Hocheck-Express** (A), der uns teils direkt über der Piste nach oben befördert. Links geht es am Funpark vorbei, in dem es neben vielen neuen auch noch zwei alte Natursprungschanzen gibt. Weiter rechts oben liegt direkt

Oberaudorf **19**

Spitzingsee

Bayrischzell

Oberaudorf

Aschau

Reit Im Winkl

Übersicht

Einzellifte

Bildverzeichnis

neben der Hauptabfahrt die alte Großschanze. Der Aufsprung zeigt Markierungen bis 100 m. Neben der Sprungschanze befindet sich ein großer metallener Kreisel, den wir beim zweiten Hinsehen als Sommerrodelbahn identifizieren. Sie windet sich ab der Mittelstation spektakulär ins Tal.

Die **Winterrodelbahn** verläuft auf einer ganz anderen Strecke abseits durch den Wald. Sie startet an der Bergstation des Sesselliftes und ist an vier Abenden pro Woche beleuchtet. Wir werden sie heute Abend auf jeden Fall wieder fahren – das musste ich meinem Sohn schon versprechen.

An der Bergstation des Hocheck-Express erwarten uns drei weitere Schlepplifte:

Leicht links versetzt führt der **Idealhanglift** (B) weiter nach oben bis zum höchsten Punkt des Skigebietes. Man kann links und rechts der Liftspur auf hellroten Pisten (❸+❹) abfahren. Zusätzlich gibt es eine weite Umfahrung in hellblau ❺, die gerne von Skikursen und Neulingen genutzt wird. Auf dieser Umfahrung findet sich am Waldrand auch ein einsames Bankerl, ein schöner Rastplatz mit Panoramablick gen Osten.

Gebietsinfo	
Land:	Deutschland
Anfahrt:	A93
Höhenlage:	600 - 1.100 m
Charakter:	Kleines, aber feines Familienskigebiet
Lifte:	4 Lifte, 10 km
Beste Zeit:	Dezember - Februar
Pisten:	■■■■■■■■■▪
Liftanlagen:	■■■■■■■■■▪
Hütten:	■■■■■■■▪▪▪
Wohlfühlfaktor:	■■■■■■■■▪▪

Noch etwas weiter links liegt der **Südhanglift** (C), der Anfängern hier oben eine weitere Möglichkeit bietet: Sie können über die blaue ❻ zu ihm hin und dann von seiner Bergstation wieder zurück zum Berggasthof Hocheck queren. Etwas Geübtere fahren die rote ❷ direkt am Lift entlang. Hier ist besonders der erste Hang ein echter Genuss.

Und schließlich liegt rechts unter uns noch der **Finkenlift** (D). Die linksseitige Abfahrt ❼

Kinderland am Hocheck

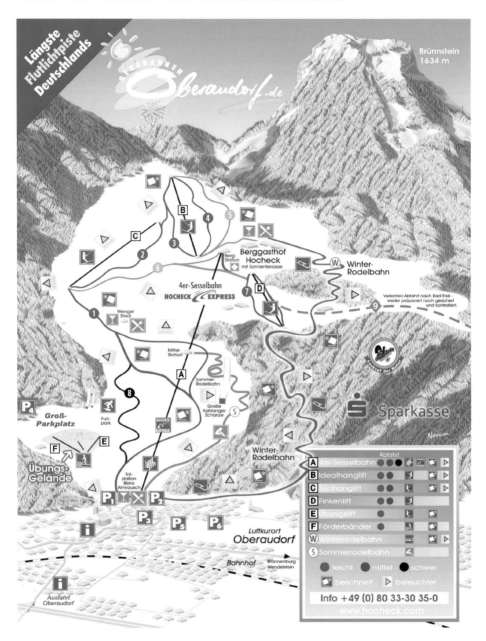

ist besonders breit und bietet einige interessante Bodenwellen. Die rechtsseitige ist etwas schmäler. Beide eignen sich perfekt für schöne langgezogene Carvingschwünge. An lebhaften Wochenenden ist dieser Hang auch ein sehr guter Ausweichtipp. Nicht ohne Grund steht unten an der Hütte geschrieben: „Dededosansandedeoiweidosan" (die die hier sind, sind die, die immer hier sind).

Im unteren Teil der Abfahrt zweigt die Skiroute

nach Bad-Trissl ab ❾. Sie ist nicht präpariert und wird auch nicht kontrolliert. Für Anfänger ist sie deshalb keinesfalls geeignet, auch wenn die Piste an sich nicht sehr steil ist. Man sollte sie nur bei guter Schneelage fahren, da es hier natürlich auch keinen Kunstschnee gibt. Zurück kommt man mit dem kostenlosen Skibus.

Nun machen wir uns an die Talabfahrt ❶. Die Piste ist hellrot und herrlich breit, perfekt zum Carven. Für Anfänger ist sie aber schon eine echte Herausforderung. Je nach Fahrkönnen, ist das Hinunterliften mit dem Sessel unter Umständen die stressfreiere Alternative. Kurz nach dem urigen Rastplatz am Wenger-Stadl gabelt sich die Piste kurzfristig und wir können die Mittelstation (nur im Sommer in Betrieb) rechts und links umschiffen. Unterhalb der Mittelstation wird die Piste extrem breit und umfasst die gesamte Hangbreite. Etwa auf halber Höhe befindet sich der **Funpark**, den wir schon beim Hochfahren gesehen haben.

Der rechte Rand des Hanges ist steiler, liegt ganztägig im Schatten und ist deutlich anspruchsvoller als die linke Hälfte. Hier finden auch fortgeschrittene Fahrer noch ihre Herausforderung. Im Plan ist die rechte Hanghälfte als Piste ❽ eingezeichnet.

Das schöne ist: Wem es hier zu heftig wird, der quert einfach nach links zurück. So kann man sich langsam herantasten.

Genusstipp zum Anti-Stress-Skifahren: Wenn es doch einmal lebhaft wird an einem Sonnentag mit Pulverschnee: Am Finkenlift und Südhanglift sind die Wartezeiten am kürzesten.

Die Einkehrmöglichkeiten

Die große Sonnenterrasse des **Berggasthofs Hocheck** verbreitet Biergartenstimmung. Unter Bäumen sitzen wir gemütlich auf Bierbänken. Die Speisekarte bietet eine große Auswahl zu günstigen Preisen. Hier treffen wir zahlreiche Rodler, Winterwanderer oder Ausflügler, die einfach nur die Aussicht genießen wollen. Vor dem Haus befindet sich ein großer Kinderspielplatz mit Schaukeln, Rutsche und Klettergestellen.

Am kleinen **Wenger-Stadl** auf Höhe der Mittelstation bekommt man in uriger und gemütlicher Umgebung leckere almtypische Brotzeiten und Erfrischungen.

An der **Hirsch-Alm** in der Talstation kann man schließlich bei einem gepflegten Après den Tag ausklingen lassen.

Nachtskifahren am Hocheck

Alles auf einen Blick

Skigebiet und Winteraktivitäten

 1   4   Pisten: ⬤ = 5 km, ⬤ = 4 km, ⬤ = 1 km   (◆ = 1,5 km)

Tageskarte Erw. 24,90 Euro, Kinder 14,90 Euro, Kinder bis 5 J. mit Gästekarte kostenlos. Familien-skipass für beide Eltern und alle eigenen Kinder bis 17 J. für 67,90 Euro. Abendkarte Di, Do, Fr, Sa 18:30 - 21 Uhr inklusive Rodelbahn Erw. 17,00 Euro, Kinder 11,00 Euro. ☎ +49.8033.30350 ⊕ www.hocheck.com.

Skilanglauf: Es gibt 8 Loipen mit insgesamt 26 km. Die Loipen sind einfach, schwierig, anspruchsvoll, gemütlich oder kraftraubend, lang oder kurz - wie es einem gefällt. Und sie führen immer durch eine Traumlandschaft. Die Loipenbenutzung ist kostenlos.

Winterwanderungen und Schneeschuhtouren: Für Wanderungen stehen über 50 km geräumten oder gespurten zur Verfügung. Die meisten Wege befinden sich in der Tallage und den Seitentälern bis 800 m Höhe. Geführte Schneeschuhtouren inklusive gestellter Ausrüstung bietet die Berg-wanderschule Kaiserreich an. ⊕ www.bergwanderschule.de

Unterkunft

Das **Sporthotel Wilder Kaiser**✖✖✖✖ verwöhnt mit komfortablen, gemütlichen und großzügigen Zimmern und Suiten. Alle haben Balkon oder Terrasse. Zudem gibt es einen beheizten Indoorpool, eine Sauna mit Dampfbad und Physiotherm-Kabine und einen Fitnessraum. Massage- und Kosmetikanwendungen sind auf Anfrage möglich. Kulinarische Köstlichkeiten aus der regionalen und der internationalen Küche kann man im urig-gemütlichen Kaminstüberl oder im

Panoramarestaurant mit Blick auf das Kaiser-Massiv genießen. ÜmF im DZ ab 49 Euro. HP-Aufschlag 23 Euro. ⌂ Naunspitzstraße 1, 83080 Oberaudorf   ☎ +49.8033.9250 ⊕ www.wilderkaiser.de

Restaurants

In der **Pizzeria Il Giardino** gibt es ganz hervorragende Pizzas aus dem Steinbackofen, auch zum Mitnehmen. ⌂ Kranzhornstraße 3, 83080 Oberaudorf ☎ +49.8033.91347

Talort

Oberaudorf liegt mitten im Kaiser-Reich, benannt nach den beiden wuchtigen Gebirgsmassiven, dem Wilden und dem Zahmen Kaiser, die es nach Süden begrenzen. Der Luftkurort hat 4.900 Einwohner und ist voll und ganz auf Winter- und Sommertourismus eingestellt. Es gibt zahlreiche Geschäfte, Supermärkte, eine Apotheke und einen Bahnhof.

Tourist-Info

Tourist Information Oberaudorf: ⌂ Kufsteiner Str. 6, 83080 Oberaudorf ☎ +49.8033.301-0 ⊕ www.oberaudorf.de ✉ info@oberaudorf.de

Spitzingsee

Bayrischzell

Oberaudorf

Aschau

Reit im Winkl

Übersicht

Einzellifte

Bildverzeichnis

Alles auf einen Blick

Skiverleih

In Zusammenarbeit mit Sport Brosig verleiht die **Skischule Hocheck** auch Skier, Snowboards, Rodel und Langlaufausrüstung (s.u.)

Skischule

Seit über 30 Jahren bietet die **Skischule Hocheck** bietet Kurse in allen Leistungsklassen an. Zudem gibt es spezielle Zwergerlkurse (s.u.). Sie befindet sich direkt neben der Talstation. ⌂ Karl-Hagen-Str. 7, 8033 Oberaudorf ☎ +49.8033.303635 ⊕ www.skischule-hocheck.com

Familien mit Kindern

Das **Kinderübungsgelände** der Skischule Hocheck liegt in einer Ausbuchtung neben der Hauptabfahrt, auf einem fast ebenen Gelände, also ideal zum Üben. Der Bereich ist abgetrennt und damit sicher vor Skifahrern und Snowboardern geschützt. Das liebevoll gestaltete Kinderland offeriert einen Seillift, Förderbänder und einen abwechslungsreichen Ski-Kindergarten mit Ganztagesbetreuung. Die Kurse unterteilen sich in die Leistungsstufen Zwergerl, Kurven-Zwergerl, Hocheck-Zwergerl und Hocheck-Flitzer. Neben den Kursen wird auch eine Ganztagesbetreuung angeboten, Mittagstisch und Aufwärmtee inklusive.

Es gibt eine mit einer speziellen Pistenraupe präparierte und TÜV-geprüfte **Rodelbahn** von 3 km Länge. Auf den 325 Hm hat sie 25 Kurven. Start ist an der Bergstation der 4er-Sesselbahn. An der Talstation kann man bei der Skischule Hocheck gleich mehrere unterschiedliche Typen von Rodel ausleihen. Die Bahn ist jeden Abend bis Mitternacht beleuchtet. Am Di, Do, Fr und Sa kann man zur Auffahrt die Sesselbahn benützen, sonst muss man hochlaufen (ca. 60 Minuten).

Im **Freizeitbad Innsola** in Kiefersfelden (5 km entfernt) ist jeden Mittwoch Kindernachmittag mit grenzenlosem Spielvergnügen für alle Kinder. Kinder haben aber auch sonst ihren Spaß mit Flößen, Riesen-Reifen, Poolnoodles und anderem Spielzeug. Es gibt zudem Baby- und Kinderschwimmkurse. Die Eltern genießen inzwischen Sauna und Solarium oder lassen sich massieren. Eintritt mit Gästekarte 5 Euro.

Das idyllische **Alte Schützenhaus** liegt am Ortsrand auf einem Hügel in unmittelbarer Nähe zum Hocheck, so dass man das Auto am Haus stehen lassen kann. Die geräumigen Zimmer haben alle Bad/WC und einen großen Balkon. ÜmF im DZ 32 Euro inkl. Kurtaxe. ⌂ Schützenstraße 3, 83080 Oberaudorf ☎ +49.8033.3089025 ⊕ www.pension-oberaudorf.de

Die nächste **Kinderärztin** ist Dr. med. Annegret Klein, die in Oberaudorf selbst ihre Praxis hat. ⌂ Rosenheimer Straße 33, 83080 Oberaudorf ☎ +49.8033.30580.

Extra-Tipp

Das Hocheck ist auch im Sommer ein toller Tipp: Die **Sommerrodelbahn** gehört zu den schönsten in ganz Deutschland, nicht nur wegen des spektakulären 360°C Kreisels. Außerdem gibt es den „**Oberaudorfer Flieger**", eine Flying Fox-Anlage, bei der man mit bis zu 80 km/h an einem Stahlseil ins Tal fliegt, sowie den **Waldseilgarten**, einen abwechslungsreichen Hochseilgarten mit verschiedenen Schwierigkeitsgraden für alle Altersgruppen.

Aschau

Die Kampenwand – Fast vergessener Geheimtipp

Kampenwand – dieser Name ist durchaus wörtlich zu nehmen: Kampen ist der Kamm auf dem Kopf eines Hahnes. Und genauso sieht der gezackte Gipfelgrat auch aus. Das 1951 auf dem Ostgifel zum Gedenken an die Chiemgauer Opfer der beiden Weltkriege aufgestellte Gipfelkreuz ist mit seinen 12 Metern das größte in den Bayerischen Alpen und sogar schon vom Irschenberg (A8) aus sichtbar.

Unterhalb der Gipfelwand erwartet uns ein sehr schönes kleines Skigebiet mit bestens präparierten Naturschneepisten. Da diese Pisten allerdings fast alle rot oder gar schwarz sind, ist es nicht unbedingt geeignet für Anfänger oder ganz kleine Kinder.

„I gangat gern auf d' Kampenwand, wann i mit meiner Wamp'n kannt."
Dieser bayerische Schüttelreim hat die Kampenwand (zumindest in Bayern) berühmt gemacht und ist die garantierte Antwort von jedem Bayern, wenn man die Kampenwand erwähnt - mit einem breiten Grinsen auf dem Gesicht... (Hochdeutsch: „Ich würde gerne auf die Kampenwand gehen, wenn ich es mit meinem dicken Bierbauch könnte".)
Seit es die Gondelbahn gibt, hat sich das freilich relativiert: mittlerweile ist die Kampenwand zu einem sehr beliebten und frequentierten Wandererrevier geworden. Bis zu den Skifahrern hat sich das mit der Bahn aber scheinbar noch nicht herumgesprochen beziehungsweise ist wieder in Vergessenheit geraten. Im Winter trifft man hier fast nur Einheimische und Skitourengänger an. Während sich im nahen Reit im Winkl die Massen tummeln, schlummert die Kampenwand friedlich vor sich hin. Was extrem schade ist, denn die traumhaft schöne 5 km lange Talabfahrt ist schon ein echtes Schmankerl.
Nachdem die Übungslifte im Tal abgebaut wurden, ist das Gebiet allerdings für kleine

Kinder und Anfänger leider nicht mehr geeignet. Zwar gibt es auch zwei schöne blaue Abfahrten. Die sind allerdings ohne Befahren einer roten Piste nicht erreichbar.

Für größere Kinder und alle mittelguten bis sehr guten Skifahrer ist die Kampenwand jedoch einer der besten Geheimtipps am gesamten Alpenrand.

Der Startpunkt

Parken kann man auf dem großen Parkplatz direkt an der Talstation der Gondelbahn.

Die Pisten

Während der Fahrt mit der **Kampenwandbahn** (A) mit ihren nostalgischen kleinen knallbunten 4er-Gondeln haben wir einen hübschen Blick auf das majestätische Schloss Hohenaschau, das auf einem 50 m hohen Felsrücken oberhalb von Aschau liegt. Leider kann man es nur im Sommer besichtigen.

Je höher wir kommen, desto schöner wird der Blick auf die die Ebene und den Chiemsee. Etwa 100 m entfernt von der Bergstation liegt die Sonnenalm, zu der für alle Ausflügler und Wanderer ein schöner gewalzter Weg führt ❹.

Gebietsinfo	
Land:	Deutschland
Anfahrt:	A8, B15
Höhenlage:	620 - 1.500 m
Charakter:	Anspruchsvolles Natur-schneegebiet für Fortge-schrittene und Könner
Lifte:	4 Lifte, 12 km
Beste Zeit:	Januar - Februar
Pisten:	■ ■ ■ ■ ■ ■ ■ ■ ▨ ▨
Liftanlagen:	■ ■ ■ ■ ■ ■ ▨ ▨ ▨ ▨
Infrastruktur:	■ ■ ■ ■ ■ ■ ■ ■ ■ ▨
Wohlfühlfaktor:	■ ■ ■ ■ ■ ■ ■ ■ ■ ▨

Wir genießen noch kurz die tolle Aussicht und stürzen uns dann ins Vergnügen. Die 5 km lange tiefrote Talabfahrt ❷ beginnt mit einer schönen Almwiese, dann bringt uns ein etwas lästiges Stück Ziehweg ins eigentliche Skigebiet, in dem wir die weiteren Lifte sehen. Wir fahren an der Bergstation des **Kaltwasser Doppelsesselliftes** (B) vorbei. Hier spaltet sich die Piste auf und wir können uns zwischen der

Die Kampenwand mit der Piste ❶ im Vordergrund

Skigebiet Kampenwand

Kampenwand 1669 m

Steinlingalm 1500 m

Panoramafußweg
(witterungsabhängig)

Winterrundwanderweg
Weiße Wanne

Bergstation 1467 m

SonnenAlm
1500 m

Gortalm

Liftstüberl

Aschau im Chiemgau

Autobahn

Anlagen
A Kampenwandseilbahn
B Kaltwasser Doppelsessellift
C Steinling-Schlepplift
D Roßleiten-Sessellift
E Funpark

● leichte Abfahrten ● mittelschwere Abfahrten ● schwere Abfahrten

● Abfahrt-Nr. 2 + 3
● Abfahrt-Nr. 2 + 3
● Abfahrt-Nr. 1
● Abfahrt-Nr. 4

Winterwanderwege
a Panoramafußweg bis zum Andachtskreuz (präpariert) - ca. 20 Min.
b Panoramafußweg bis zur Steinlingalm (witterungsabhängig) - ca. 30 Min.
c Kleiner Rundweg Weiße Wanne (präpariert) - ca. 25 Min.
d Großer Rundweg Weiße Wanne (präpariert) - ca. 45 Min.

links gelegenen sanfteren blauen Variante und der rassigeren roten entscheiden. Beide sind herrlich für schöne weite Schwünge. Bei ausreichend Schnee kann man die gesamte Hangbreite nutzen.

Bleiben wir links auf der roten Seite, dann kommen wir an dem neuen **Freestyle Funpark** vorbei. Auf der „Spielwiese Kampenwand" sorgen mehrere Boxen, Rails, Bonks, Roller und Kicker mit Tables verteilt auf drei Lines in verschiedenen Schwierigkeitsgraden dafür, dass vom Freeride-Anfänger bis zum Profi jeder Spaß hat. Es gibt sogar eine Pipeline und ein Jibrohr. Der Münchener Benedikt Mayr zählt übrigens zu den besten Freestylefahrern der Welt und wirkt seit Jahren in allen großen Filmproduktionen der Freestyleszene.

Ein Stück unterhalb des Freeride Parks und der Gorialm kreuzen sich die blaue und die rote Variante. Die rote läuft geradeaus und führt über einen der schönsten Hänge hier überhaupt. Die blaue macht noch einen Schlenker nach rechts zu den Talstationen von Roßleiten- und Steinlinglift.

Der **Roßleiten-Einersessel** (D) bietet eine rabenschwarze Buckelpiste, die selbst die anspruchsvollsten Fahrer an ihre Grenzen bringt. Alternativ kann man mit etwas Schieben von hier aus auch wieder zurück zur Sonnenalm gelangen.

Links und rechts der eingefahrenen Buckel befindet sich Freeride-Gelände, das einem bei Powder mit seinen unzähligen Varianten das Herz aufgehen lässt.

Ein weiteres breites Freeride-Gelände gibt es am **Steinling-Schlepplift** (C). Der bringt uns sehr steil bis zum höchsten Punkt des Skigebiets auf 1.500 m. Über uns sehen

wir den Ostgipfel mit seinem schönen großen Gipfelkreuz, das die Sonne anstrahlt. Tief unter glitzert der Chiemsee und direkt vor uns Powder ohne Ende. Rechts von der roten Variante der ❶ bis ganz hinüber zur Liftspur steht Freeridern die gesamte Hangbreite offen. Selbst durch die sehr weit stehenden Bäume lassen sich wunderbare Tree-Runs legen.

Und falls es keinen Powder hat, sind auch die beiden Pistenvarianten ein Traum. Im unteren Bereich verzweigt sich die rote ❶ weiter (siehe Foto auf Seite 125) und offeriert zusätzliche Optionen für noch mehr Fahrspaß!

Von der Talstation der beiden Lifte bringt uns ein kurzer Ziehweg zurück zur Hauptabfahrt ❷. Es folgt noch ein langer schöner Hang, dann sind wir an der Talstation des **Kaltwasser Doppelsesselliftes** (B) und können die oberen Hänge mit dem Sessel noch ein paar Mal wiederholen.

Unterhalb des Doppelsessels wird die Piste etwas schmaler, schmiegt sich an einer Felswand entlang, noch immer in perfektem Gefälle. Schließlich geht sie in einen Ziehweg über, der uns bis zur Schlusswiese bringt. Hier gleiten wir mit Blick das Schloss Hohenaschau zur Talstation zurück.

Beim Einsteigen in die leere Gondel wollen wir es immer noch nicht glauben: So ein

Sandra und Peggy Klose: Die beiden Rosenheimer Mountainbikeprofis verbinden im Winter an der Kampenwand jede Trainingseinheit mit ganz viel Skispaß.

traumhaft schönes und variantenreiches Skigebiet super schnell zu erreichen am Alpenrand - und keiner kennt es!

Eines muss man freilich klar sagen: Das große Plus der Kampenwand, ihr Naturschnee, kann auch leicht zum Minus werden. In schneearmen Wintern hilft auch die beste Pistenpräparierung nichts. Da kommen dann ganz einfach schon einmal Steine durch.

Ein Hinweis noch am Ende: Auf der Webseite der Bergbahn (⊕ www.kampenwand.de) gibt es unter der Rubrik „Naturerlebnis" einen sehr schönen Kurzfilm über die Kampenwand.

Die Einkehrmöglichkeiten

Für einen kleinen Einkehrschwung zwischendurch bestens geeignet ist die **Gorialm**. Ein kleines Schmuckstück mit urigem Innenraum und Sonnenplätzen vor der Hütte.

Ein Bier in der Sonne zwischendurch geht auch am **Liftstüberl** des Schlepplifts. Eine Miniterrasse mit sonnigen Plätzen, die auch die Januarsonne erreicht. Innen ist es größer als man denkt. Günstige Preise.

Meine absolute Lieblingshütte ist und bleibt jedoch die **Steinlingalm**, zu der man von der Bergstation des Schleppliftes noch zwei Minuten gehen muss. Über uns türmt sich die Kampenwand auf und vor der Hütte hat man eines der schönsten Panoramen am Alpenrand.

Vor vielen Jahren habe ich hier einmal Silvester gefeiert. Es war eine klare Nacht und den Ausblick werde ich niemals vergessen: Wir haben von oben auf das Feuerwerk gesehen. Die Raketen haben wie kleine Diamanten auf einem schwarzen Samtkissen gefunkelt, bis hin zum Horiont, an dem ganz klar München zu erkennen war.

Aber auch ohne Feuerwerk ist die Hütte ein echter Geheimtipp. Die Speckknödelsuppe ist legendär gut, so als käme der Speck frisch geräuchert aus dem Kachelofen, an dem wir gerade sitzen. Oder die Bratkartoffeln mit Spiegelei, die sind ein Traum. Und wenn man es gerne besonders urig mag, dann sollte man am Donnerstagabend hierher gehen. Da ist die Hütte nämlich gerappelt voll mit Tourengehern - bei jedem Wetter und (fast) jeder Schneelage.

Immer sehr lebhaft geht es an der **Sonnenalm** neben der Bergstation der Seilbahn zu. Hier kann man auch übernachten (64 Betten), Hüttenabende, Brunch, Weihnachten und sogar Hochzeiten feiern. Die Küche hat beinahe schon Sterneniveau. Die Preise sind trotzdem moderat. Und die Aussicht hier ist nicht minder schön, im Gegenteil: Hier eröffnet sich uns zusätzlich noch der Blick Richtung Süden auf die Bergwelt Österreichs. Deutlich können wir den Action Hill in Kössen erkennen und das Kitzbüheler Horn.

Wunderbarer Ausklang eines wunderbaren Skit

Winkelmoosalm mit Blick auf den Wilden K

Spitzingsee

Bayrischzell

Oberaudorf

Aschau

Reit im Winkl

Übersicht

Einzellifte

Bildverzeichnis

Alles auf einen Blick

Skigebiet und Winteraktivitäten

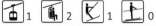 Pisten: ● = 7 km, ● = 4 km, ● = 1 km

Tageskarte Erw. 31,00 Euro, Kinder 19 Euro. Kinder bis 10 J. Mo-Fr kostenlos. ☎ +49.8052.4411 ⊕ www.kampenwand.de. Schneetelefon: +49.8052.9064420. Kostenloser Freestyle Fun Park oberhalb der Gorialm. ⊕ www.facebook.com/Spielwiese.Kampenwand

Skilanglauf: Es gibt 18,5 km Loipen (diagonal und skating), die kostenlos benutzt werden können.

Winterwandern: Von der Bergstation der Kampenwandbahn führt ein Panoramawanderweg mit traumhaften Blicken über das Andachtskreuz ⓐ bis zur Steinlingalm ⓑ, (50 min) sowie ein kleiner ⓒ und einen großer ⓓ Rundweg (25/45 min) in die Weiße Wanne.

Skitour: Donnerstag ist Skitourenabend auf der Kampenwand. Das hat Tradition. Relativ unabhängig von der Schneequalität, sieht man dann zwischen 18 und 24 Uhr mehrere hundert Glühwürmchen (= Skitourengeher mit Stirnlampe) langsam die Piste nach oben ziehen bis zur Gori-Alm (600 hm) oder weiter bis zur Steinlingalm (820 hm).

Unterkunft

Im **Ferienhotel Prillerhof**✹✹✹ kann man den Stress und die Hektik des Alltags weit hinter sich lassen. Jedes Zimmer des Garni-Hotels ist ein bisschen anders, aber alle haben eines gemeinsam: Sie sind mit viel Liebe zum Detail großzügig und modern in freundlichen Farben eingerichtet. Fast alle Zimmer verfügen über einen Balkon oder eine Terrasse. Im Balneario kann man in einer der verschiedenen Saunas, im Dampfbad oder Whirlpool nach Herzenslust die Seele baumeln lassen. Massagen und Kosmetik können direkt im Hotel dazu gebucht werden. ÜmF im DZ ab 45 Euro. ⌂ Höhenbergstraße 1, 83229 Aschau im Chiemgau ☎ +49.8052.906370 ⊕ www.prillerhof.de

Restaurants

Ein kulinarischer Höhepunkt ist ein Verwöhnabend in der **Residenz Heinz Winkler**. In seiner Küche kreiert Heinz Winkler, der bereits über 20mal mit den begehrten drei Michelin-Sternen ausgezeichnet wurde, die Gerichte, die seinen Genießer-Gästen auf der Zunge zergehen. ⌂ Kirchplatz 1, 83229 Aschau im Chiemgau ☎ +49.8052.17990 ⊕ www.residenz-heinz-winkler.de

Im **Gasthof Kampenwand** bekommt man bayerische und internationale Spezialitäten mit einem Lächeln serviert. Es schmeckt ganz hervorragend, die Portionen sind groß und die Preise klein. ⌂ Bernauer Str. 1, 83229 Aschau im Chiemgau ☎ +49.8052.2440 ⊕ www.gasthof-kampenwand.de

Und wer dann noch so richtig abfeiern möchte, der sollte unbedingt den **Eiskeller** besuchen. In einem 400 Jahre alten Backstein-Ziegelgewölbe erstreckt sich die Discothek in den Tiefen unterhalb des Aschauer Schlossberges über eine Gesamtfläche von 300 m². Sie ist DER In-Treff des Chiemgauer Landes. ⌂ Schloßbergstraße 5, 83229 Aschau im Chiemgau ⊕ www.eiskeller.club

Alles auf einen Blick

Talort

Aschau im Chiemgau liegt rund 23 km südöstlich von Rosenheim und 12 km vom Chiemsee entfernt. Eine besondere Attraktion ist das Schloss Hohenaschau, das einen Kilometer außerhalb auf einem 50 m hohen Felsrücken thront. Leider kann es nur im Sommer besichtigt werden. Der Ort Aschau hat 5.500 Einwohner. Es gibt zahlreiche Geschäfte, Supermärkt, Apotheken und einen Bahnhof (Chiemgaubahn).

Tourist-Info

Tourist Info Aschau: ⌂ Kampenwandstr. 38, 83229 Aschau im Chiemgau ☎ +49.8052.904937 ⊕ www.aschau.de ✉ info@aschau.de

Skiverleih

Das Sportgeschäft **Steigenberger** verleiht Skier (auch Skitour und Skating), Snowboards und Schneeschuhe: ⌂ Kampenwandstraße 24, 83229 Aschau im Chiemgau ☎ +49.8052.906490 ⊕ www.condition-steigenberger.de

Skischule

Skifahren erleben in einem **Skicamp**. Das kann man mit Tatjana Mittermayer und Enno Thomas in Aschau. Ihr Ziel ist es den Teilnehmern die Faszination am Skifahren zu vermitteln. Sie bieten mehrtägige Kurse in Skitechnik, Buckelpiste und Freeride an. Daneben auch spezielle Jugendcamps für Jugendliche ab 14 Jahren. Für kleinere Kinder und Familien können ein- oder mehrtägige individuell zugeschnittene Privatcamps vereinbart werden. ⌂ Bucha 2a, 83229 Aschau im Chiemgau ☎ +49.8052.9300 ⊕ www.skicamp.de

Familien mit Kindern

Nahe der SonnenAlm gibt es eine kleine, 60 m lange **Snowtubing-Bahn**. Die Benützung ist kostenlos und auch die Reifen gibt es kostenlos an der Bergstation.

Die **Natur-Eislauffläche** im Freischwimmbad kann zum Schlittschuhlaufen, Eishockeyspielen und Eisstockschießen kostenlos genutzt werden. ⌂ Bernauer Str. 44, 83229 Aschau im Chiemgau

Eine knappe halbe Stunde Fahrzeit entfernt befindet sich das **Urweltmuseum Neiderhall**, in dem man 550 Millionen Jahre Erdgeschichte erleben kann mit mehr als 2.800 Fossilien und Mineralien vom Kambrium bis zur Eiszeit. Hier werden Saurier, Riesenfische und Urkrebse lebendig. ⌂ Steinbrucker Straße 4, 83064 Kleinholzhausen ⊕ www.urweltmuseum.com

Die nächsten **Kinderärzte** sind Dr. med. Heinz Lechner und Dr. med. Birgit Jork-Käferlein, die in Prien am Chiemsee eine Gemeinschaftspraxis betreiben. ⌂ Seestr. 11, 83209 Prien ☎ +49.8051.2500. Vor Ort kümmert sich der Allgemeinmedizinerin Dr.med. Heike Kroeger um die Kleinen. ⌂ Zellerhornstr. 33, 83229 Aschau im Chiemgau ☎ +49.8052.717

Die **Orthopädischen Kinderklinik Aschau** ist eine der größten Fachkliniken für Kinderorthopädie in Mitteleuropa. Ambulant und stationär unterstützen innovative Konzepte die Kinder auf dem Weg zur größtmöglichen Selbstständigkeit in ihrer Alltagsbewältigung. ⌂ Bernauer Str. 18, 83229 Aschau im Chiemgau ⊕ www.bz-aschau.de/orthopaedische-kinderklinik

Winklmoosalm und Steinplatte – Der Schneewinkel

Es fühlt sich zwar an als wäre es ein Skigebiet, aber in Wirklichkeit sind es zwei. Die sanfte Winkl-moosalm auf der deutschen und die deutlich rassigere Steinplatte auf der österreichischen Seite gehen nahtlos ineinander über und bilden zusammen den sogenannten Schneewinkel. Hier ist der Name Programm: Schnee gibt es im Schneewinkel immer reichlich. Und das nicht nur im Hochwinter.

Das großflächige Almengelände über Reit im Winkl ist ein wahres Schneeloch das jeden Winter mit viel Naturschnee gesegnet ist. Die Liftbetreiber sind trotzdem auf Nummer sicher gegangen und haben zusätzlich noch eine moderne Beschneiungsanlage installiert.

Zudem haben sie in den letzten Jahren nicht nur kräftig in den Ausbau der Pisten sondern vor allem auch in die Liftanlagen investiert: Zwei neue und schnelle Gondelbahnen und im Übrigen fast ausschließlich moderne Hoch-leistungssessellifte - das findet man sonst nur äußerst selten.

Und das ist auch der Grund, warum es hier trotz der großen Beliebtheit dieses Gebietes kaum jemals zu längeren Wartezeiten kommt.

Der Startpunkt

Vor einigen Jahren wurde die neue 8er-Gondelbahn in Betrieb genommen, die direkt vom Parkplatz Seegatterl auf die Winklmoosalm führt. Damit gehört der alte Skibus zum Glück der Vergangenheit an, der bis dahin diese Strecke langsam hochschaukelte.

Bis zum kostenlosen Parkplatz Seegatterl gelangt man entweder mit dem Pkw oder mit dem ebenfalls kostenlosen Shuttlebus ab Reit im Winkl oder Ruhpolding.

Der Einstieg von der deutschen Seite in das Skigebiet hat noch einen weiteren Vorteil: Hier kann man mit den Skier auch wieder abfahren. Die Gondelbahn, die vom österreichischen Waidring heraufführt hat nämlich leider keine Talabfahrt.

Die Pisten

Winklmoosalm

Nachdem wir uns von der hübschen neuen **Winklmoos-Gondelbahn** (A) bis zur Winklmoosalm haben bringen lassen, finden wir hier ideale Übungsmöglichkeiten für Anfänger und Kinder. Direkt am Ausstieg der Gondelbahn beginnt ein Zauberteppich mit einem kleinen Übungshang. Er dient auch als Zubringer zu den Winklmoosalmen.

Links vom Zauberteppich finden wir ein schnuckeliges kleines Kinderland mit Skischul-Übungsgelände und Seillift. Es liegt praktisch zwischen den Almen, an denen sich die Eltern sonnen können, während sie ihren Kids bei den ersten Schwüngen zusehen.

Wir steigen in den **Rossalmsessellift** (E). Der parallel verlaufende Schlepplift (D) steht noch. Er wird nur bei größerem Andrang zur Entlastung dazu geschaltet.

Auf der am Lift entlang laufenden sehr hellblauen Rossalm-Abfahrt ⑰ sehen wir bereits einige Anfänger ihre Schwünge ziehen. Die Abfahrt ist idealstes Anfängergelände: Breit und so flach, dass man im weichen Frühjahrs-

Blick von der Südhangabfahrt ❶ hinunter auf die Kammerkör-Alm

schnee mitunter sogar bergab schieben muss. Dabei aber lang genug, um in den Rhythmus zu finden. Und schließlich auch noch mit einem Sessellift zum Erholen.

Gebietsinfo

Land:	Deutschland
Anfahrt:	A8, B305
Höhenlage:	850 - 1.860 m
Charakter:	Großes, modernes, schneesicheres, aber (leider) auch sehr volles Skigebiet für alle.
Lifte:	13 Lifte, 44 km
Beste Zeit:	Dezember - März
Pisten:	■■■■■■■■■■
Liftanlagen:	■■■■■■■■■■
Hütten:	■■■■■■■■ ▦ ▦
Wohlfühlfaktor:	■■■■■■■■ ▦

Nach etwa zwei Drittel unserer Auffahrt können wir rechts hinunter zum **Zigeuner-Kurvenlift** (C) sehen, dem einzigen verbliebenen Schlepplift im Gebiet. Hier geht es ruhig zu,

selbst an lebhaften Wochenenden (Genießertipp zum Anti-Stress-Skifahren!).

Die sehr einfache blaue Abfahrt ⑳ geht bis hinunter zum Seegatterl. Nach der Talstation des Schleppers wird sie zum Ziehweg ㉑, der durch eine schöne Schlucht, teils an einem Wildbach entlangführt. Für den Zielschuss sollte man so viel Schwung mitnehmen wie möglich, da das letzte Stück sehr flach ist.

Wir fahren uns mit einer Runde am Kurvenlift

Grenzbeamte sehen, die die Skifahrer anhalten. Beim Näherkommen entpuppen die sich jedoch als Liftangestellte, die nicht die Personal- sondern die Skipässe kontrollieren: Neben der Verbundkarte für das gesamte Gebiet gibt es nur für die Winklmoosalm-Lifte noch eine (deutlich günstigere) Extrakarte.

Wir starten unsere Erkundung der Steinplatte mit dem **Mösern-Sessellift** (M) zur linken. Auf halber Höhe zweigt hier der Ziehweg ⑪ ab,

Rennnachwuchs auf der Steinbergabfahrt ❾

warm und queren dann mit dem **Scheiblberg-Sessellift** (B) hinüber auf die Steinplatte. Dank dieses neuen schnellen Sessellifts ist das jetzt auch am späten Vormittag staufrei möglich. Man muss nicht mehr über den sehr flachen Ziehweg der Schwarzlofertalabfahrt ⑱, bei dem man um Schlittschuhschritte kaum herum kommt.

Steinplatte

Wenige Meter nach dem Ausstieg überqueren wir die Grenze nach Österreich und sind ganz verblüfft, dass wie hier schon von weitem

der uns heute Abend wieder zurück zur Winklmoosalm bringen wird.

Die Pisten im unteren Teil der Steinplatte sind alle sehr sanft. Die ⑯ bringt uns zum **Kapellen-Sessellift** (H), dem einzigen Lift in diesem Gebiet, an dem ich bisher überhaupt so etwas wie eine Liftschlange beobachtet habe.

Aber selbst die lässt sich umgehen, indem man nach der Mösern-Alm auf der ⑯ bleibt und direkt hinüber zum **Sessellift Steinplatte** (G) quert. Er führt bis hinauf zur Kammerkör Alm, an der auch die aus Waidring herauskommende Gondel endet.

In diesem Fall entgeht einem allerdings der direkte Blick auf den liebevoll angelegten neuen **Snowpark Steinplatte**, der sich rechts vom Kapellen-Sessellift befindet. Er hat eine Beginner, Medium und Advanced Area und es macht einfach Spaß, den großen und kleinen Ridern zuzusehen. Als allerdings mein Sohn dann mit leuchtenden Augen und absoluter Selbstverständlichkeit vom „Elephant", „Wallride Spine" und „Banana Slide" zu schwärmen beginnt, weiß ich nicht mehr so recht, wovon er eigentlich spricht. Ich beschließe, mich am Abend heimlich schlau zu machen.

Fündig werde ich auf der Snowboarder MBM Webseite [1]: In der Enzyklopädie mit anschaulichen Bildern zu jeder Geländeform kann man sich leicht das nötige Wissen aneignen, um von den eigenen Kindern nicht nur mitleidige Blicke zu ernten.

Von der Kammerkör Alm zum Gipfel der Steinplatte kommt man wahlweise über den frequentierteren **Plattenkogel-Sessellift** (I) oder den deutlich ruhigeren **Bäreneck-Sessellift** (J). Letzterer ist auch mein Geheimtipp für belebte schöne Wochenenden: Auf den kräftig roten ❾er Varianten ist praktisch nie etwas los.

Ganz oben auf der Steinplatte haben wir einen traumhaften Rundumblick. Im Südosten sehen wir die Loferer Steinberge und noch etwas weiter östlich den Watzmann.

Hier oben am Gipfel haben wir die Qual der Wahl. Gleich dreimal rot in verschiedenen Schattierungen und einmal tiefschwarz. Nichts für Anfänger, aber die haben auf den tiefer gelegenen Hängen ja auch schon genügend Möglichkeiten.

Nach links (Nordosten) führt die eben bereits erwähnte Steinberg-Abfahrt ❾ hinunter, die sich im unteren Bereich in drei Äste gabelt. Rechts geht in saftigem

Rot die Südhang-Abfahrt ❼ zur Kammerkör-Alm. Sie ist perfektes Carvinggelände. Und dass sie eigentlich nicht nach Süden sondern nach Nordwesten verläuft, schadet ihrem Schnee ganz bestimmt nicht. Verglichen mit dem in der Tat genau nach Norden gerichteten Nordhang ❽ ist sie freilich eher südlich. Der Nordhang ist steil, unpräpariert und hat meist tief ausgefahrene Buckel. Wer es nicht gleich ganz so heftig angehen will, kann sich über die neue, zwischen beiden Pisten verlaufende tief dunkelrote Lärchenabfahrt ❻ langsam herantasten.

Aber so genial es hier oben auch ist, am frühen Nachmittag zieht es mich regelmäßig zu den tiefergelegenen Westhängen, die jetzt am Schönsten zu fahren sind. Am Kammerkör vorbei carven wir über die Stallenabfahrt ❷ zu den Stallenalmen und genießen hier unsere Brotzeit in der Sonne.

Nach dem Mittagessen schwingen wir über die schönen Hänge der ❶ hinunter bis zum **Sessellift Kammerkör** (K). Den etwas oberhalb gelegenen Parkplatz kann man auf einer schmalen mautpflichtigen [2] Serpentinenstraße mit dem Auto erreichen. Damit ist die ❶ so etwas wie eine „Talabfahrt". Die einzige auf österreichischer Seite, denn nach Waidring kommt man ansonsten nur mit der Gondel hinunter.

Gemütliches Sonnenbad vor dem Almstüberl auf der Winklmoosalm

Spitzingsee

Bayrischzell

Oberaudorf

Aschau

Reit Im Winkl

Übersicht

Einzellifte

Bildverzeichnis

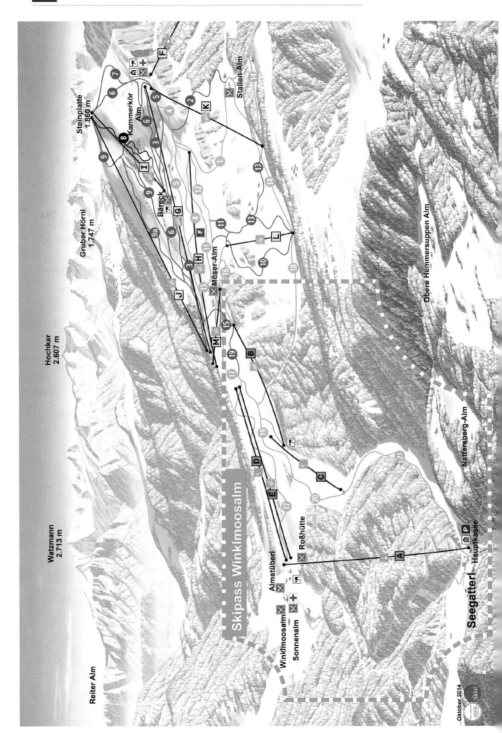

Einmal noch fahren wir mit dem neuen schnellen 6er-Sessellift Kammerkör nach oben und carven über die ① und in der Verlängerung die ⑭ bis zum **Schwarzlofer-Sessellift** (L). An ihm verbringen wir den Nachmittag.

In die beiden Hänge der sanfteren hellroten Grünboden- ⑩ und der herzerfrischend dunkelroten Schwarzlofer-Abfahrt ⑬ habe ich mich sofort verliebt. Auch jetzt sind die etwas abgelegen Pisten immer noch frisch und noch kein bisschen zerfahren oder buckelig. Damit sind sie mein Top-Tipp für den späten Nachmittag.

Die ⑯ und der Mösern-Sessel bringen uns schließlich zurück zur Winklmoosalm, wo wir mit der Talabfahrt ⑳ + ㉑ zum Seegatterl diesen perfekten Tag sanft ausklingen lassen.

Die Einkehrmöglichkeiten

Winklmoosalm

Oben im Almengelände der Winklmoosalm nur 200 m von der Bergstation der Gondelbahn entfernt liegt das urgemütliche **Almstüberl**. Der Winterwanderweg führt direkt am Haus vorbei. Parallel läuft auch noch ein Zauberteppich. Auf der großen Sonnenterrasse kann man es sich in einem Liegestuhl so richtig gut gehen lassen.

Nur ein kleines Stück entfernt liegt die **Winklmoos-Sonnen-Alm**, die Genießerhotel, Restaurant und Skihütte in einem ist. Auch hier lockt eine schöne Sonnenterrase.

Und schließlich gibt es noch den gemütlichen **Alpengasthof Winklmoos-alm** mit gutem bayerischem Essen und... natürlich einer schönen Sonnenterrase.

Am Parkplatz Seegatterl muss man auch nicht verhungern oder verdursten.

Neben der Talstation gibt es weitere Möglichkeiten.

Steinplatte

Im Bereich Steinplatte ist die größte und sehr stark frequentierte Verpflegungsstelle das **Berghaus Kammerkör** an der Bergstation der Gondelbahn. Es hat einen Selbstbedienungsbereich mit erschwinglichen und einen Schmankerlbereich mit gehobenen Preisen. Von der riesigen, windgeschützten Sonnenterrase hat man eine unglaubliche Aussicht. Im "**Laufstall**" nebenan gibt es ordentlich Après-Feeling.

Wer das lieber meidet, der ist richtig auf der **Stallen-Alm**. Oder besser: den Stallen Almen, denn es sind mehrere kleine Holzhäuschen nebeneinander, mit Biertischen in der Sonne, schön zum Wohlfühlen!

Auch im **Bäreck** geht es eher ruhig zu. Die brave Hütte mit dem guten Selbstbedienungsrestaurant ist schön auf einem Hügel gelegen am Fuße des 6er-Sessels Plattenkogl (I).

Ausgesprochen praktisch platziert ist die **Möser-Alm** mit ihrer kleinen Schirmbar. Sie liegt genau auf dem Rückweg von der Steinplatte „heim" zur Winklmoosalm. Perfekt für den Absacker auf der letzten Abfahrt!

Flizzi im Kinderland in Reit im Winkl

Alles auf einen Blick

Skigebiet und Winteraktivitäten

 2 9 2  0   Pisten: ⬤ = 20 km, ⬤ = 22 km, ⬤ = 2 km

Winklmoosalm: Tageskarte Erw. 29,50 Euro, Kinder 16 Euro. ⊕ www.winklmoosalm.de ☎ +49.8640.1352. **Steinplatte:** Tageskarte Erw. 49 Euro, Kinder 25,50 Euro. ☎ +43.5353.53300 ⊕ www.steinplatte.tirol. Bei mehr als 3 Tagen gelten die Skipässe nicht nur in beiden Skigebieten, sondern auch noch in 9 weiteren der 3-Länder-Freizeitarena ⊕ www.3laenderfreizeitarena.com

Skilanglauf: Die perfekt gepflegten Loipen sind alle kostenfrei ebenso wie der Langlaufbus. Es gibt 49 km Loipen im Tal und 32 km Höhenloipen auf der Winklmoos- und der Hemmersuppenalm. Vom Seegatterl führt eine Skatingloipe hoch bis zur Winklmoosalm (7 km, 500 hm). Die 3 km Loipe am Langlaufstadion in der Tiroler Straße ist Di und Do von 18 - 20:30 Uhr beleuchtet.

Winterwanderungen: Die top präparierten Winterwanderwege rund um Reit im Winkl tragen das deutsche Wandersiegel. Besonders empfehlenswert sind der Panorama- und der Kaiserblickweg. Dreimal wöchentlich gibt es geführte Wanderungen, die mit der Gästekarte kostenlos sind. Infos beim Tourismusbüro.

Schneeschuhwanderungen: Die Skischulen bieten geführte Wanderungen inkl. Materialverleih an.

Unterkunft

Die **Winklmoos-Sonnen-Alm*****ˢ liegt mitten im Skigebiet auf der Winklmoosalm. Die individuell ausgestatteten Suiten und Doppelzimmer verbinden rustikale Gastlichkeit mit modernem Komfort und haben fast alle einen eigenen Balkon. Der Wellness Bereich mit Finnischer Sauna, Dampfbad und Infrarotkabine hat einen großzügigen Ruheraum mit Wasserbetten und normalen Liegen. Abends komponiert  Küchen- und Juniorchef Michael Schönhuber köstlichkreative Speisen und regionale Schmankerl zu einem leckeren 4-Gänge-Menü. HP im DZ ab 88 Euro. Kostenloser Verleih von Langlaufausrüstung, Schneeschuhen und Schlitten. Kostenlose Liegestuhlbenützung. Das Hotel erreicht man entweder mit der Gondelbahn oder dem Pkw und Schneeketten. ⌂ Klammweg 2, 83242 Reit im Winkl ☎ +49.8640.79720 ⊕ www.sonnenalm.de

Restaurants

Im **Pizza Pasta da Angelo** bekommt man leckere Steinofenpizzas und hervorragende Pasta. ⌂ Rathausplatz 7, 83242 Reit im Winkl ☎ +49.8640.796763

Talort

Reit im Winkl ist im Süden, Osten und Norden von schützenden Bergen umgeben und nur nach Westen zum Inntal hin offen. Die sich stauenden Wolken führen im Winter zu häufigem Schneefall, was dem Ort den Spitznamen „Schneeloch" beschert hat. Die Gemeinde hat neun Ortsteile, u.a. Seegatterl, die Winklmoos-Alm und Blindau, und 2400 Einwohner. Im Hauptort gibt es zahlreiche Geschäfte, Supermärkte und Apotheken. Der nächstgelegene Bahnhof befindet sich in Prien a. Chiemsee. Von hier aus verkehren Busse.

Alles auf einen Blick

Tourist-Info

Tourist-Info: ⌂ Dorfstr. 38, 83242 Reit im Winkl ☎ +49.8640. 80020 ⊕ www.reitimwinkl.de

Skiverleih

Direkt an der Talstation der Winklmoosalm-Bahn befindet sich die **Skihütte von Intersport**. Das Sportgeschäft verleiht jede Art von Ausrüstung. Service über Nacht. Ski- und Ausrüstungsdepot.
⌂ Tiroler Straße 2, 83242 Reit im Winkl ☎ +49.8640.7969290 ⊕ www.skihuette.net

Skischule

Die **Ski- und Snowboardschule Reit im Winkl** bietet seit 1930 Kurse in allen Leistungsklassen an. Die Ausrüstung kann man gleich zu günstigen Tarifen mit dazu leihen. ⌂ Dorfstraße 38a, 83242 Reit im Winkl ☎ +49.8640.8358 ⊕ www.skischule-reit-im-winkl.de

Die **Hausberg Ski- und Snowboardschule** hat ganz neu jetzt auch eine Niederlassung mit Verleih direkt an der Talstation der Winklmoosalm. Im Hauptbüro im Ort gibt es eine gemütliche Après-Bar. ⌂ Dorfstraße 36, 83242 Reit im Winkl ☎ +49.8640.798787 ⊕ www.hausberg-skischule.de

Familien mit Kindern

Die Zwerglkurse der Ski- und Snowboardschule Reit im Winkl finden **im eigenen Kinderland** direkt in Reit im Winkl statt. Hier gibt es Flizzi (s. Seite 137) und noch viele weitere Figuren, Zaubertep-pich, Skikarussell, Kinderlift und eine Wellenbahn. Mittagsbetreuung im eigenen Blockhaus.

Der **Bobo-Kinderclub** der Hausberg Ski- und Snowboardschule befindet sich direkt in Reit im Winkl und hat einen Übungslift und einen Zauberteppich. Er ist täglich von 8:30 -16:30 Uhr geöffnet. Die Bobo-Kids-Coaches vermitteln hier den Allerkleinsten den Spaß am Schnee.

Eine der längsten **Naturrodelbahnen** Deutschlands (4 km, 500 hm) führt von der Hindenburg Hütte ins Tal. Achtung: Nicht für Kleinkinder geeignet! Aufstieg entweder zu Fuß oder mittels Kleinbus ab Blindau ☎ +49.8640. 8425. Rodelverleih in der Hütte. ⊕ www.hindenburghuette.de

Leichte Rodelhänge gibt es auf der Winklmoosalm direkt bei der Sonnen-Alm, siehe links.

Eine **Snowtubingbahn** mit extra Lift gibt es im Ortsteil Blindau bei den Benz-Eck-Liften, vgl. S. 146.

Das **Hallenbad Schwimmstadl** hat Sauna, Solarium, eine Massageabteilung und auch ein spezielles Kinderplanschbecken. Am Mittwoch ist Thermentag mit einer Wassertemperatur von 34 Grad. ⌂ Am Hauchen 1, 83242 Reit im Winkl ☎ +49.8640.8837

Eine günstige Unterkunft finden Familien mit Kindern in der **Pension Louise**. ÜmF ab 41 Euro. Das Besondere: Darin ist der Skipass für die Benz-Eck-Lifte schon enthalten, vgl. S. 146. ⌂ Tiroler Straße 42, 83242 Reit im Winkl ☎ +49.8640.8961 ⊕ www.pension-louise.com

Die nächsten **Kinderärzte** sind Drs. Gabriela und Franz Lachner in Ruhpolding. ⌂ Waldbahnstr. 4, 83324 Ruhpolding ☎ +49.8663.9409. Vor Ort kümmert sich der Allgemeinmediziner Dr. Thomas Behr um die Kleinen. ⌂ Tiroler Straße 3, 83242 Reit im Winkl ☎ +49.8640.8494

Extra-Tipp

Das **Bauerntheater Reit im Winkl** führt mit seiner Laienspielgruppe jeden Donnerstagabend im Festsaal eine Komödie auf. Karten gibt es im Tourismusbüro. ⌂ Festsaal in der Tiroler Str. 37, 83242 Reit im Winkl ☎ +49.8640.797776 ⊕ www.theater-reitimwinkl.de

Über die bisher genannten Skigebiete hinaus gibt es in unserem schönen Voralpenland noch viele Einzellifte. Jeder ist für sich im Grunde auch ein kleines Skigebiet und prima geeignet für ein paar schöne Stunden im Schnee.

Seit Jahren besuche ich immer wieder gern diese kleinen Lifte und bin jedes Mal von neuem begeistert von dem Engagement und der Hingabe der Liftbetreiber. Gewinn werfen die Lifte nur selten ab. In den meisten Fällen sind sie das „Hobby" der jeweiligen Eigentümer, die dafür oftmals ihre gesamte Freizeit opfern. Leider müssen immer wieder welche aufgeben, weil die anstehenden Investitionen zu groß. So wie der nette kleine Schlepplift in Geitau.

Bleibt zu hoffen, dass nicht alle Einzellifte mit den Jahren aussterben. Gerade für Familien mit kleinen Kindern sind sie mit ihren günstigen Preisen und ihrer Abgeschiedenheit vom Trubel eine hervorragende Alternative zu den großen Skigebieten.

Einige der Lifte haben sogar Beschneiungsanlagen. Wenn vorhanden, habe ich es dazu geschrieben.

In jedem Fall lohnt sich aber ein kurzer Anruf beim Lift, bevor man losfährt, um aktuelle Öffnungszeiten und Schneelage abzuklären. Alle Einzellifte laufen grundsätzlich nur bei ausreichend Schnee.

Die Liste unten erhebt keinen Anspruch auf Vollständigkeit. Das sind die Lifte, die ich kenne und recherchieren konnte. Wenn ich welche übersehen habe, freue ich mich über entsprechendes Feedback.

Noch ein Hinweis: Die Lifte sind oft nicht ganz leicht zu finden. Deshalb habe ich als Adresse immer die GPS-Koordinaten der Liftparkplätze angegeben. Wenn man die genauso bei GoogleMaps eintippt, wird einem direkt der jeweilige Punkt in der Karte angezeigt.

A Pfronten: Sonnenlifte Röfleuten

In Pfronten, vgl. Seite 18, gibt es noch ein drittes kleines Skigebiet, das einen Teller- und einen Schlepplift (350 m und 450 m) umfasst: die Sonnenlifte im Ortsteil Röfleuten. Die zwei blauen bis dunkelblauen Pisten sind insbesondere für Anfänger sehr gut geeignet. Die Hänge sind beschneit, was guten Schnee garantiert. Am Fuße des Schlepplifts befindet sich der Ski-Kindergarten der Ski- und Snowboardschule Breitenberg. Außerdem gibt es noch einen Funpark mit Air Kickern, Rails, Boxen und weiteren Extras. Tageskarte Erw. 18 Euro, Kinder 14 Euro. ⌂ N47 35.087 E10 32.382 ☎ +49.8363.927907

B Bernbeuren: Auerberglift

Westlich von Bernbeuren unterhält der TSV Bernbeuren einen kleinen Seillift (200 m, 20 hm), der bei ausreichen Schnee immer nachmittags geöffnet ist. ⌂ N47 44.045 E10 44.623 ☎ +49.8860.374 ⊕ www.tsv-bernbeuren.de/78.html.

C Roßhaupten: Skilift Alte Reite

Am südöstlichen Ortsende von Roßhaupten befindet sich der Schlepplift Alte Reite (330 m, 70 hm). Der breite Hang bietet zahlreiche Abfahrtsvarianten von hell- bis dunkelblau. Es gibt sogar einen kleinen Funpark. In der Skilodge bekommt man Kaffee und Kuchen oder kleine Snacks. Tageskarte Erw. 9 Euro, Kinder 6,50 Euro, Flutlichtkarte (Mi + Fr) 8 Euro. ⌂ N47 38.887 E10 43.257 ☎ + 40.160.92687634 ⊕ www.skilift-rosshaupten.de

D Halblech: Schlepplift am Tauchberg

Der Schlepplift in Halblech (850 m, 220 hm) bietet mit seinen drei hell- bis dunkelblauen Pisten viel Abwechslung. Der Schlepplift eignet sich nicht nur für Anfänger und Kids sondern ist auch perfektes Carvinggelände. Am Rand gibt es teilweise sogar Buckel. Gemütliches Skistüble mit günstiger Verpflegung und Sonnenbänken an der Talstation. Der Lift ist eine ideale Ergänzung zum Buchenberg, vgl. Seite 32, aber auch ein Geheimtipp für einen spontanen stau- und stressfreien Carvingnachmittag. Tageskarte Erw. 15 Euro, Kinder 10 Euro. Kostenlos mit der Königscard. ⌂ N47 37.702 E10 49.471 ☎ +49.8368.1237

E Steingaden: Ilgenlifte und Gagraslift

Der **Ilgen-Schlepplift** (500 m, 100 hm) liegt drei Kilometer nördlich von Steingaden. Mit seiner schönen sehr breiten und top präparierten Piste in dunkelblau eignet er sich perfekt für die etwas größeren Kids. Ab Mittag läuft zudem der kürzere hellblaue Seillift für die kleineren Kids. Mittwoch bis Samstag sind die Lifte bis 21:30 Uhr beleuchtet. Ein toller Geheimtipp ohne Wartezeiten! Verpflegung mitbringen. Tageskarte Erw. 12,50 Euro, Kinder 9 Euro, Flutlichtkarte 7 Euro. ⌂ N47 43.271 E10 53.733 ☎ +49.8862.342.

Außerdem gibt es noch den kleinen Schlepplift am Steingardener Hausberg **Gagras**. Idealer Übungshang für Kinder und Anfänger. ⌂ N 47 42.143 E10 52.020 ⊕ www.tsv-steingaden.de/skigagras.php

F Hohenfurch: Lift des Skiclubs

Etwas nördlich von Schongau befindet sich der Skihang des Skiclubs Hohenfurch. Der kurze Seillift mit Kunststoffbügeln (200 m, 30 hm) ist mit seiner blauen Piste vor allem für kleine Kinder geeignet. Der Lift ist immer nachmittags geöffnet. ½ Tageskarte Erw. 5 Euro, Kinder 4 Euro. ⌂ N47 51.593 E10 54.713 ⊕ www.sc-hohenfurch.de (mit Ampel, die anzeigt, ob der Lift geöffnet ist).

Spitzingsee · Bayrischzell · Oberaudorf · Aschau · Reit im Winkl · Übersicht · Einzellifte · Bildverzeichnis

G Böbing: Bromberglift

Der Nordhang des Bromberglifts (500 m, 120 hm) bietet zwei Pisten: eine breite blaue Abfahrt direkt neben dem Lift und eine anspruchsvollere dunkelblaue Waldabfahrt. Von der Bergstation aus hat man bei gutem Wetter eine tolle Fernsicht bis hin zum Hohen Peißenberg. In der Brombergalm an der Talstation kann man gut und günstig essen. Alles in allem eines der schönsten Mini-Skigebiete in Bayern. Geöffnet ist der Lift wochentags am Nachmittag, sowie an den Wochenenden und in den bayerischen Schulferien ganztags. Am Wochenende zudem abends von 19 - 22 Uhr. Tageskarte Erw. 11 Euro, Kinder 9 Euro. Abendkarte Erw. 14 Euro, Kinder 12 Euro.. ⌂ N47 43.669 E11 02.535 ☎ +49.8867.92045 ⊕ www.bromberg-alm.de/ski-lift

H Oberau: Rabenkopflifte

Am Autobahnende kurz vor Garmisch liegen die Rabenkopf-lifte. Für kleine Kinder gibt es ein extra abgetrenntes Gelände mit eigenem Seillift. Größere Kinder üben am Schlepplift (500 m, 80 hm) und toben im Mini-Funpark. Die Piste ist im oberen Bereich schon sehr dunkelblau. Die ULLR Ski- und Snowboardschule bietet Kurse für Kinder ab 3 J. an, Mittagsbetreuung im Riesentipi an der Talstation inklusive (⊕ www.rabenkopf-skilifte.de). Daneben gibt es auch noch einen kleinen Kiosk. Eine neue Beschneiungsanlage sorgt für ausreichende Schneesicherheit. Die Lifte sind an den Wochenenden und in den bayerischen Schulferien ganztags geöffnet, sonst am Nachmittag. Tageskarte Erw. 12 Euro, Kinder 9 Euro. ⌂ N47 33.437 E11 07.360 ☎ +49.176.35701717 ⊕ www.gemeinde-oberau.de ▸Einrichtungen ▸Wintersport

I Farchant: Skihang am Ried

Ein Tellerlift (600 m, 120 hm) führt kurz vor Garmisch links den Berg hoch. Da man aus München kommend hier bereits im Tunnel ist, kennt kaum jemand diesen Lift. Was wirklich schade ist, denn er hat eine wunderbare und gleichmäßig breite Piste, die sich gerade für Kinder perfekt zum Üben eignet. Und eine kleine Skischule gibt es auch (Peter Fichtl ☎ +49.171.6122232 ✉ fichtl.pe@web.de). Zudem eine neue Beschneiungsanlage, die auch im Frühjahr noch für ausreichend Schnee sorgt. Geöffnet ist der Lift ganztags an den Wochenenden und in den bayerischen Schulferien, sonst am Nachmittag. Freitags kann man Flutlichtskifahren bis 21:30 Uhr. Tageskarte Erw. 12 Euro, Kinder 7 Euro. ⌂ N47 31.466 E11 07.121 ☎ +49.8821.966201 ⊕ www.farchant.de/winterurlaub/skifahren/skihang-am-ried.html

J Eschenlohe: Skilift Auf der Rieder

Der kleine Seillift mit Plastikbügeln am Mühlbach bei Eschenlohe ist 250 m lang (50 hm) und hat gleich drei Pisten: blau, rot und schwarz. Na ja, eher blau, rot und dunkelrot. Die Pistenmaschine ist ein Traktor, der Gummireifen hinter sich herzieht. Die Pisten sind aber dennoch gut in Schuss. Besonders charmant ist der handgemalte Pistenplan. Tageskarte Erw. 7 Euro, Kinder 4 Euro. ⌂ N47 35.081 E11 11.347 ☎ +49.8824.1379

K Krün: Barmseelift

Der kurze Seillift am Barmsee (200 m, 40 hm) hat einen breiten, hellblauen, beschneiten und bestens präparierten Hang, auf dem die Skischule Krün [1] Anfängerkurse abhält. Zudem gibt es einige Spuren durch den Wald für die abenteuerlustigeren Kids. Tageskarte Erw. 10 Euro, Kinder 8 Euro. ⌂ N47 29.665 E11 15.060 ☎ +49.8825.1094 ⊕ www.alpenwelt-karwendel.de/skilift-barmsee-kruen

Extra-Tipp: Anfang Januar findet hier jedes Jahr ein Nostalgieskirennen in historischer Kleidung und mit historischer Ausrüstung statt [2]. Ein genialer Spass, den man sich nicht entgehen lassen sollte!

L Walchensee: Katzenkopflift

Auf der kleinen Halbinsel Zwergern im Walchensee führt der Katzenkopf-Schlepplift (350 m, 60 hm) vom Campingplatz in Richtung Katzenkopf, der höchsten Erhebung auf der Halbinsel. Schöne nordseitige blaue Piste. Der Lift ist an den Wochenenden und in den bayerischen Schulferien geöffnet. Tageskarte Erw. 8 Euro, Kinder 6 Euro. ⌂ N47 34.896 E11 18.527 ☎ +49.8858.411 (Tourist Office)

M Beuerberg: Skilift Beuerberg

Der Parkplatz des Schlepplifts in Beuerberg (300 m, 40 hm) befindet sich an der Bergstation. Der Lift hat zwei nette hellblaue Pisten, die sich auf halber Höhe treffen und sogar beschneit werden. Eine Kinderskischule, die von den beiden Töchtern der Liftbetreiber geleitet wird, bietet Zwergerlkurse für Kinder ab 3 J. an [3]. An der Talstation kann man sich an einem Kiosk stärken. Geöffnet ist der Lift täglich von 9-17 Uhr. 4-Stunden-Karte Erw. 12 Euro, Kinder 10 Euro. ⌂ N47 49.899 E11 23.710 ☎ +49.8171.26074 ⊕ www.skilift-beuerberg.de

[1] ⊕ www.skischule-kruen-wallgau.de [2] Nächstes Rennen: 11.01.2020, siehe ⊕ www.veranstaltungen.alpenwelt-karwendel.de
[3] ⊕ www.skischule-beuerberg.de

Spitzingsee | Bayrischzell | Oberaudorf | Aschau | Reit im Winkl | Übersicht | Einzellifte | Bildverzeichnis

N Berg: Kreuzmöslberglift

Seit 40 Jahren ist der kurze Seillift am Starnberger See (250 m, 40 hm) mit seiner schönen hellblauen Piste ein beliebtes Ausflugsziel. Am Lifthäusl gibt es Wiener und eine kleine Brotzeit. 10er Karte Erw. 5 Euro, Kinder 4 Euro. ⌂ N47 57.813 E11 21.652 ☎ +49.8151.971707
⊕ www.facebook.com/skilift.kreuzmoeslberg

O Penzberg: Sklift Berghalde

Und noch ein kurzer Seillift mit schönem breitem hellblauem Übungshang für die Kleinsten (200 m, 30 hm): In der Freizeitanlage auf der Berghalde in Penzberg läuft der Lift bei ausreichend Schnee immer nachmittags. Außerdem gibt es noch einen Rodelhang, eine Eislauffläche und eine Langlaufloipe. Tageskarte 3 Euro. ⌂ N47 45.494 E11 23.115 ☎ +49.8856.8130 ⊕ www.penzberg.de/stadtleben/sport-freizeit/sportanlagen/freizeit-und-erholungszentrum-berghalde

P Kochel: Ötzlifte

Etwa einen Kilometer nördlich von Kochel am See liegen die Ötzlifte: zwei Schlepplifte (800m und 500 m Länge) und ein Kinderseillift (200 m). Die beiden Schlepplifte schließen aneinander an, so dass sich eine schöne lange blaue Abfahrt ergibt, die sich auch bestens zum Carven eignet. Insgesamt sind es satte 1.600 m Piste mit 260 hm. An der Talstation befindet sich ein Imbisstüberl. Die Lifte sind an den Wochenenden und in den bayerischen Schulferien ganztags sowie Mi und Fr nachmittags geöffnet. Tageskarte Erw. 19 Euro, Kinder 15 Euro ☎ +49.8851.5145 ⌂ N47 40.401 E11 23.852 ⊕ www.oetzlifte-kochel.de

Q Jachenau: Mühlenlift

Mit seinen dunkelroten Liftmasten ist der Mühlen-Schlepplift eine Augenweide (450 m, 95 hm). Die beiden blauen Pisten rechts und links vom Lift sind breit, nicht zu steil und gut präpariert. An der Talstation kann man sich im urigen Liftstüberl mit bayerischen Spezialitäten stärken. Geöffnet ist der Lift in den bayerischen Schulferien täglich, sonst an den Wochenenden. 30er-Karte Erw. 6,00 Euro, Kinder 5,50 Euro ⌂ N47 35.786 E11 25.624 ☎ +49.80 43.361 ⊕ www.skilift-jachenau.de

R Gaißach: Reiserlifte

Die Reiserlifte, das sind ein Schlepplift und links daneben ein kurzer Seillift. Dazwischen befindet sich ein kleines Kinderland. Die blauen Pisten sind breit und stets gut präpariert, auch dank der drei Schneekanonen. Skischule und Skiverleih an der Talstation. Donnerstag bis Sonntag Flutlichtskifahren von 19 - 22 Uhr. Bei der Talstation gibt es gleich zwei schöne Hütten, die Draxl Alm und die Roischn`n Hütte. Das Motto „boarisch, griawig, guad"

gilt für beide und auch dass man hier gutes Essen zu extrem fairen Preisen bekommt. Tageskarte Erw. 16 Euro, Kinder 14 Euro. Abendkarte Erw. 10 Euro, Kinder 8 Euro. ⌂ N47 42.512 E11 35.445 ☎ +49.8042.3803 ⊕ www.reiserhang.de

S Neuhaus: Pfanni-Lift

Ganz nahe am Schliersee direkt bei der Pension Maier-Schmotz befindet sich der Pfannilift. Die Piste des 300 m langen Schlepplifts ist breit und perfekt für Anfänger, die fernab des Trubels am Spitzingsee, vgl. 102, ihre ersten Schwünge erproben wollen. Tageskarte Erw. 8 Euro, Kinder 7 Euro. Für Pensionsgäste ist der Lift kostenlos.

Die Pension Maier-Schmotz ist zugleich ein sehr schöner Übernachtungstipp, auch für längere Ferien am Schliersee. ⌂ N47 42.157 E11 52.026 ☎ +49.8026. 7343 ⊕ www.pfannilift.de oder ⊕ www.maier-schmotz.de

T Mosach: Skilift am Tranzlberg

Weniger als 20 km von München entfernt betreibt der Skiclub Falkenberg mit viel Idealismus und Hingabe seit mehr als 40 Jahren einen kurzen Seillift für den jüngsten Ski-Nachwuchs (120 m, 17 hm). Wenn ausreichend Schnee liegt, locken zwei schöne blaue Pisten. Tageskarte Erw. 8 Euro, Kinder 6 Euro. ⌂ N48 01.938 E11 52.403 ☎ +49.8091.1800 ⊕ www.scfalkenberg.de ▸ Lift

U Elbach: Raffelmooslift

Der Raffelmooslift (500 m, 100 hm) geht unten über freie Wiesen und oben im Wald. Rechts und links vom Lift läuft jeweils eine blaue Piste mit zahlreichen Varianten. Außerdem gibt es eine echte „Waldabfahrt": Am Ausstieg links halten, den Spuren folgen und ruhig auch mal ein bisschen experimentieren. Abenteuer inklusive. Toiletten oder Liftstüberl gibt es nicht. Getränke und Süßigkeiten bekommt man beim Liftpersonal. Geöffnet ist der Lift von Freitag bis Sonntag und in den bayerischen Ferien.

Und er ist absolut staufrei erreichbar, ohne die Quälerei am Schliersee! Tageskarte Erw. 13 Euro, Kinder 10 Euro. ⌂ N47 44.419 E11 57.611 ☎ +49.8028.898 ⊕ www.skilift-raffelmoos.de

V Bad Feilnbach: Auer Skilift

Der kleine Seillift in Gottschalling bei Bad Feilnbach hat Tradition. Seit nunmehr 45 Jahren haben hier die Kleinen und Kleinsten Spaß im Schnee. Im Almstüberl an der Talstation mit seiner großen Sonnenterrasse kann man sich stärken und den Trubel in Ruhe beobachten. Mehrere Schneekanonen sorgen für gute Verhältnisse. Der Lift läuft an Wochenenden ganztags, sonst am Nachmittag. Am Freitag ist Abendskilauf von 19 - 21 Uhr mit Flutlicht. 4-Stunden-Karte Erw. 11 Euro, Kinder 10 Euro. ⌂ N47 47.457 E11 58.713 ☎ +49.8064.1720 ⊕ www.skilift-au.de

W Sachrang: Skilifte Kaiserblick, Aumüller und Schweibern

In Sachrang kurz vor der österreichischen Grenze gibt es gleich drei Mini-Skigebiete mit jeweils zwei Liften, die teilweise sogar ineinander übergehen.
Der längste Lift ist der **Kaiserblicklift**, ein 600 m langer Doppelschlepplift (80 hm) mit schöner breiter dunkelblauer Piste. Im oberen Bereich gibt es zusätzlich noch eine hellrote Variante. Direkt daneben befindet sich ein 90 m langer Seillift, der „Zwergerlschlepper". Von der Bergstation des Kaiserblicklifts kann man hinüberwechseln zu den **Schweiberer Liften**, zwei Seillifte von je 200 m Länge und 40 hm. Ein paar Meter die Straße hinunter befinden sich die **Aumüllerlifte**, zwei weitere Seillifte á 50 m Länge und gut 250 hm. Die Lifte sind die ganze Saison über ganztags geöffnet. Tageskarte nur für den Kaiserblicklift Erw. 13,50 Euro, Kinder 11 Euro. Verbundtageskarte für alle Sachranger Lifte Erw. 15,50 Euro, Kinder 13 Euro. ⌂ N47 41.163 E12 15.620 ☎ +49.8057.228 ⊕ www.skilift-kaiserblick.de

X Reit im Winkl: Benz-Eck-Lifte

In Reit im Winkl gibt es nicht nur die Winkelmoosalm, vgl. Seite 132. Im Ortsteil Blindau befinden sich zudem die Benz-Eck-Lifte: je ein Schlepp-, Teller- und Seillift (210 - 550 m). Die Nordhänge sind mit ihren bestens präparierten und beschneiten Pisten besonders für Familien mit Kindern geeignet. Die haben auch auf der der Tubingbahn mit Extra-Tubinglift einen Heidenspaß. Einkehren kann man im urigen Benzeckstüberl. Kostenloser Ortsbus bis zur Talstation. Tageskarte Erw. 15 Euro, Kinder 14 Euro. Kostenlos für Hausgäste der Pension Louise, vgl. Seite 139. ⌂ N47 39.848 E12 27.943 ☎ +49.8640.8227 ⊕ www.benzeck-skilifte.de

Alle Fotos bis auf die nachfolgend aufgeführten stammen vom Autor.

Seite 13	Skihänge Nesselwang: www.nesselwang.de
Seite 21+23	Pisten im Skizentrum Pfronten: www.skizentrum.pfronten.de
Seite 32	Buchenbergalm: www.halblech.de
Seite 35	Pferdeschlittenfahrt: www.nesselwang.de
Seite 85	Variantenabfahrt am Herzogstand: www.herzogstandbahn.de
Seite 88+92	Garlandhang am Brauneck: www.brauneck-bergbahn.de, Foto Klaus Knirk
Seite 96+97	Blick auf den Tegernsee: www.alpenplus.com, Foto Toniolo
Seite 99	Rodelspass am Wallberg: www.wallbergbahn.de
Seite 102	Jagahütt'n am Stümpfling, Spitzingsee: www.alpenbahnen-spitzingsee.de, Foto Thomas Stankiewicz
Seite 103	Roßkopfabfahrt am Stümpfling, Spitzingsee: www.alpenbahnen-spitzingsee.de, Foto Doppelmayr Seilbahnen
Seite 106	Burton Snowpark am Stümpfling, Spitzingsee: www.alpenbahnen-spitzingsee.de, Foto Hansi Heckmair
Seite 111	Oberes Sudelfeld: www.sudelfeld.de, Foto Medienservice Freyermuth
Seite 118+121	Blick auf Oberaudorf: www.oberaudorf.de / www.5-berge.com
Seite 124	Sonnenalm: www.fotocommunity.de/fotograf/toni-stoev/518626, Foto Toni Stoev
Seite 132	Gondelbahn Winklmoosalm: www.winklmoosalm.de
Seite 137	Kinderland Reit im Winkl: www.skischule-reit-im-winkl.de
Seite 140	Sonnenlifte Röfleuten: www.pfronten.de
Seite 141	Ilgenlift: Fiescher (aus dem alpinforum)
Rückseite	Oberes Sudelfeld: www.alpenplus.com

Einen herzlichen Dank an die Fotografen für die Zurverfügungstellung der Fotos!

Und mein ganz besonderer Dank gilt den Usern Fiescher und vovo aus dem Alpinforum (⊕ www.alpinforum.com), ohne deren toller Recherche ich viele der Einzellifte gar nicht erst gefunden hätte.

Impressum
Editorial Montana
Birgit Wenzl und Frank Hartl GbR
Füssener Straße 8, 81476 München
www.editorial-montana.de
info@editorial-montana.de

Texte und Photos: Ludwig Hauner
Layout und Grafik: Birgit Wenzl
Lektorat: Birgit Wenzl

Pistenpläne: sitour-werbe gmbH, An der Breite 6a, D-82229 Seefeld/Oberbayern
          Bayerische Zugspitzbahn Bergbahn AG

Übersichtskarte: Outdooractive GmbH & Co. KG, Missener Str. 18, 87509 Immenstadt

3. Auflage 2019
ISBN 978-3-9814962-8-4
© Editorial Montana

HAFTUNGSAUSSCHLUSS

Trotz sorgfältiger inhaltlicher Kontrolle übernehmen wir keine Haftung für die Inhalte externer Links. Für den Inhalt der verlinkten Seiten sind ausschließlich deren Betreiber verantwortlich.